Consulting	allpha.net*working* D-45145 Essen
Redaktion	Kriemhild Volke D-01099 Dresden
DesignTechnik	Andreas Zeugner D-40545 Düsseldorf
Druck	Druck Thiebes D-58097 Hagen
Copyrights	Karl Niemann D-40474 Düsseldorf
Verlag	tecline bookline publication D-40423 Düsseldorf

ISBN 3-932039-09-2

THESEN zum NEUANFANG

Fired **Die Krise macht dich besser!**

Essay

von

Karl Niemann

Reihe *für morgen wissen*

Herbst 2003

INDEX

ZUM GELEIT

Die Wirtschaft dient dem Menschen und
stellt keinen Selbstzweck dar.

Heribert Meffert
Wirtschaftswissenschaftler und Stiftungsvorsitzender

Wenn man nur Angst hat, das hilft nicht.
Was hilft, ist, dagegen etwas zu tun.
Und da ist mir am wichtigsten: Nicht der andere, Ich selbst!

Sun Pei
Studentin

Es muss nicht zur Krise kommen,
wenn genügend Selbstwert-Erfahrung da ist.

Diana Weßling
Managerin

Die einzige Zeit, die wir wirklich beherrschen,
ist die Zukunft.
Sie können wir nach unseren Wünschen formen.

Baltasar Gracián y Morales
Philosoph

Dank an jene, die mit ihren Beiträgen und Aussagen in den Interviews die Gestaltung des Essays unterstützten

Herzlichen Dank an das allpha.net-Team mit Teilnehmern aus ganz Deutschland für die Zuarbeiten und das Consulting

Für das Vorwort ein **Herzliches Danke Schön** an:

Drs. Bert Willems, Egmond aan Zee + Dresden

Ebenso **Herzlichen Dank** denen, die mir ihre Ausarbeitungen zum Thema zur Verfügung stellten:

Margot Abstiens, Hilden
Ingo Alberti, Delbrück
Prof. Martin Diewald, Essen
Dr. Karl-Heinz Groß, Bonn
Prof. Kornelius Kraft, Dortmund
Prof. Heribert Meffert, Gütersloh
Prof. Christian Scholz, Saarbrücken

Ein wesentliches Element sind für den Essay die Statements aus den Interviews. **Herzlichen Dank** sage ich folgenden Gesprächspartnern:

Jürgen Adamy, Bochum
Thomas Birlenberg, Essen
Rainer Bischoff MdL, Duisburg
Klaus Brandner MdB, Gütersloh
Dr. Robert Coenen, Düsseldorf

Hans-Josef Döllgen, Düsseldorf
Franz-Josef Echelmeyer, Münster
Hubert Gleixner, Essen
Michael Hess, Düren
Rüdiger Höwische, Viersen
Thomas Kemper, Dortmund
Claus Lerpscher, Neuss
Werner Marquis, Düsseldorf
Dr. Gerd Meyer, Düsseldorf
Prof. Meinhard Miegel, Bonn
Frank Moschner, Neuss
Rolf Papenfuß, Berlin
Dieter Pflanz, Düsseldorf
Friedrich-Wilhelm Rennen, Essen
Maria Schönauer, Neuss
Norbert Scholz, Viersen
Ernst Schwanhold, Osnabrück
Sun Pei, Peking+Essen
Diana Weßling, Altenberge
Dr. Erwin Weßling, Altenberge
Gerhard Wienand, Dortmund

Last but not least bedanke ich mich bei den Interviewpartnern, die mich gebeten haben, doch auf eine persönliche Namensnennung zu verzichten. Sie hatten ihre Gründe. Klar – habe ich dem entsprochen.

KAPITEL 1

Vorwort

Drs. Bert Willems, ein Niederländer in Deutschland nimmt Stellung

"Hurra, ich bin gefeuert!"

So las ich es an einem Samstag im Frühling 2003 in De Volkskrant, meiner holländischen Tageszeitung. Vier junge Leute, vor kurzem entlassen, wurden da befragt. Drei von ihnen fühlten sich im ersten Moment wie vor den Kopf geschlagen. Dann kam wieder Leben in sie, und sie reagierten ganz aufgeregt.
"Jetzt mache ich das, was ich immer schon tun wollte!"
Der Vierte hatte alles eher gelassen aufgefasst. Sie verstehen schon: Die ersten Drei haben in ihrer Misere etwas entdeckt, das ihnen Neues, Interessantes, Aufregendes verspricht. Der Vierte sitzt daheim und wartet erst einmal ab.

Nachmittags besuchte uns Karl Niemann und Familie. Wir plauderten über Gott und die Welt. Als wir auf sein Businessprojekt allpha.net*workin*g in Essen zu sprechen kamen, fiel mir der Volkskrant-Bericht wieder ein.
"Das, Bert", Karl war aufgesprungen, "das ist doch eine Einstellung, zu der traut sich in Deutschland noch keiner zu bekennen!"

Laut der Nürnberger Gesellschaft für Konsumforschung GfK bangen zurzeit 75% der Arbeitnehmer Deutschlands um Ihre Stelle. Das schafft jede Menge Unruhe, da hat Karl für sein Marketing jetzt eine Zielgruppe in Millionenhöhe gefunden!

Ein paar Jahre zurück schrieb ich für Karl Niemann in seiner Reihe ‚für morgen wissen', der Studie >Das Älterwerden und die Erfahrung<, ebenfalls das Vorwort. Kurz zuvor war ich Fünfzig geworden. Wir hatten eine Diskussion über die Folgen der „Vergrauung", und

plötzlich packte es Karl: Dazu werde ich ein Interviewprojekt machen und als Buch veröffentlichen. Er tat es, ich las es und dachte:
“Das hat er für mich getan.“

Diesmal steh‘ ich per Zufall erneut an der Quelle.
Karl meint, ich sei wieder prädestiniert für’s Vorwort in seiner Reihe ‚für morgen wissen‘, diesmal zum Thema >Beschäftigung und Krisenüberwindung<.
Jetzt muss ich gestehen, selbst zu diesen 75% durch Arbeitslosigkeit betroffenen deutschen Arbeitnehmern zu gehören. Mein Arbeitgeber hat das Projekt in Deutschland, woran ich arbeitete, für beendet erklärt, und es sieht so aus, als ob es keine geeignete neue Aufgabe für mich gibt.
So treffen mich die GfK-Zahlen – und ich denke schon wieder:
“Das hat Karl für mich geschrieben”.

Auch ich war, als mir klar wurde, dass mein deutsches Projekt zugleich das letzte für meine Firma sein würde, wie vor den Kopf geschlagen. Ich versuchte zu arbeiten, meinte auch endlich die Zeit zu haben, mein eigenes neues Buch über Account Management zu Ende zu bringen. Aber auch da kam ich keinen Schritt weiter.
Bis ich mich dazu durchrang, mich systematisch selbst zu befragen.
Ich machte also eine kleine Eigenuntersuchung:
Was kann ich, was will ich, wer sind meine Kunden, was möchten sie und wie kann ich mich mit meinen Erfahrungen und Kenntnissen einbringen?

Die Wirkung, noch mehr die Ergebnisse haben mich überrascht. Mit einem Mal sind mir viele neue Gedanken und Ideen gekommen. Teilweise meinte ich sie schon zu kennen, teilweise sehe ich sie jetzt in einem anderen Zusammenhang.
Das wichtigste aber ist für mich:

Das Gefühl, irgendwie nichts wert oder überflüssig zu sein, ist verschwunden. Ich bin soweit, auch ein Hurra-Gefühl zu erleben:
“Mensch, jetzt kannst du noch (doch) mal richtig was auf die Beine stellen.“ *
Viele Leser dieses Buches werden das gleiche denken:
“Mensch, jetzt kannst du noch (doch) mal richtig was auf die Beine stellen.“ *
* >“Jongen, nu kan je noch eens echt iets betekenen!“<

Egmond aan Zee / Dresden
im Herbst 2003 Bert Willems

KAPITEL 2

Das Buchprinzip mit INDEX-Kommentierung

Beste Leserin, bester Leser,
ein besonderer Hinweis liegt mir als erstes am Herzen:
Im Essay wird von mir durchgehend nicht geschlechtspezifisch differenziert, also auf weibliche Wortendungen verzichtet – wenn beide Geschlechter gemeint sind – und somit wird die altgewohnte Schreibweise beibehalten.
Die Differenzierung hätte ich gern gemacht, aber sehen Sie selbst, wie's aussieht – ein Beispiel:
>Doch der Kunde / die Kundin – der Bürger / die Bürgerin – ist König / Königin ...<
So ist es eigentlich nicht lesbar, und der Essay würde inhaltsfrei unnormal ausgedehnt.

Auf folgende drei Fragestellungen möchte ich mit diesem KAPITEL 2 eingehen:

→ Warum dieser Essay?
→ Was kommt in den Kapiteln auf mich zu?
→ Wie helfen mir die Leitthemen, die zu 6 Thesen werden?

Warum dieser Essay?

Mein Grossvater sollte in neuneinhalb Monaten die Firma, den kommunalen Energieleister, verlassen. Er war 65 und über 39 Jahre im Betrieb beschäftigt.
„Sie haben Ihre Pensionsgrenze erreicht. Wir bedauern es ja auch, dass Sie Ihr vierzigjähriges Jubiläum nicht mehr bei uns feiern können."
Ich erinnere mich noch, wie stocksauer er damals war.
„Dass die mich vor meinem Vierzigsten kündigen!"

Meinen Grossvater hatte es hart getroffen, dass der gesetzlich letzte Tag der Arbeit so strikt eingehalten wurde.
Die ganz andere Reaktion zeigte RH:
„Meine Frau und ich fahren erst einmal in Urlaub. Wenn wir zurück sind, werde ich die eine oder andere meiner ehrenamtlichen Tätigkeiten verstärken. Wie ich gerade Lust habe."
RH war 38 Jahre in seiner Firma, der deutschen Tochter eines der grossen US-Unternehmens, davon die letzten Jahre als Hauptgeschäftsführer, angefangen hatte er damals als Verkäufer.

Die beiden Berichte sind Relikte vergangener Zeiten, wenn auch in grossen wie in kleinen und mittleren Unternehmen die langjährigen Beschäftigungen ihren Platz haben.

Uns geht es um die Wirklichkeit hier und heute, mit ihrer US-amerikanisch anmutenden Dimension des Hire&Fire-Managements. Die Folge für die Betroffenen in Deutschland und international – bis auf die hire&fire-erfahrene U.S.A.:

Man fühlt sich aus der Bahn geworfen, erlebt sich als ‚nicht mehr wert' und weiss nicht so recht, wo's weiterhin lang gehen soll.

Ich sehe für die Betroffenen eine echte Zukunftschance,
wenn Sie offensiv sich den Arbeitsverhältnissen
– Ihrer beruflichen Situation – stellen.
Im Grunde geht es darum, sich in jeder misslichen Lage
aus einer Objekthaltung in eine Subjekthaltung
zu katapultieren
und gerade im künftigen permanenten ‚Hire and Fire'
stets den rechten Fuss im Steigbügel zu haben.

Der Essay richtet sich an die Zielgruppe Arbeitsuchende, gleich ob Sie arbeitslos sind oder als Mitarbeiter befürchten müssen, Ihren Arbeitsplatz zu verlieren. Insbesondere ist auch die Zielgruppe Existenzgründer – vor der Gründung oder in Krisen danach – angesprochen.

Der Essay wird - in der Regel - nicht romanhaft von vorn nach hinten sondern über Stichworte aufgenommen werden. Der Leserschaft werden gleichsam „spothaft" die inhaltliche Darstellungen entgegenkommen.
Das erlaubt, die eigene aktuelle Situation so nah wie möglich und ohne Umschweife mit der geschilderten Darstellung konfrontiert zu sehen.
Dabei soll sich der Essay von Mahnungen, Vorschriften, Besserwissen abheben, eher zu Reaktionen herausfordern wie „so nicht" oder „ja, gerade so".

Das Buch wird von mir als Essay bezeichnet – ein recht feuilletonistischer! Dies deshalb, weil er der Leserschaft ‚leicht', das heisst an dieser Stelle: gelöst von der üblichen Tagesbelastung, entgegenkommen soll.
Die Sprache tut das eine dazu bei, auch die Methode, wie die Kapitel angelegt wurden. Dann die präsentierten Inhalte mit Anleihen an ganz unterschiedliche Disziplinen, von Betriebswirtschaft bis Philosophie bzw. Expertenmeinungen, vom Marketingprof - Professor und Professional - Meffert über den Dichter Brecht bis zum Aufklärer Kant u.v.a..

Dieser Kontext fällt bei unserem aktuellen Berufsthema – bei erster Betrachtung – vielleicht aus dem Rahmen. Genau das fördert aber das Denken in anderen Gleisen und gibt von Beginn an Anreize, neue Wege zu gehen, eben neu anzufangen.

Neuanfänge, die gibt es mehr als einmal im Leben!
Klar, darf gelacht werden. Das Lachen sollte uns in keiner Misere vergangen sein. Bon Mots hat der Essay. Aber lächeln Sie nur ruhig – zunächst – auch darüber, wenn ausnahmsweise unkritisch oder gewollt subjektiv ein Interviewpartner auf meine Fragen hin Stellung bezieht.

Dann lassen Sie es aber bei sich klicken, denn dieser Gegenüber ist kennzeichnend für die Unternehmenssituation, in die Sie integriert sein wollen oder sein müssten, um bezahlte Arbeit leisten zu können!

Der Tiefgang darf ruhig der ‚Nachschlag' sein, wenn man sich seiner Situation bewusst wird und an das Gelesene denkt. So oder so kommen Ihnen Möglichkeiten für den Neuanfang in den Blick.
Sie leiten Denk- und Handlungshilfen aus dem Gelesenen ab. Auch kleine Anleitungen können bei dem einen oder dem anderen Grosses bewirken.

Der Essay vereint meine eigenen Erfahrungen, gerade auch mit Arbeitsuchenden im Rahmen des von mir im Vorjahr initiierten Projektes allpha.net*working*, und Erkenntnisse aus den Diskussionen und Interviews zum Thema ‚Hire&Fire Management' mit ‚dem Gegenüber' der Arbeitsuchenden, den Unternehmern, den Beratern und den Interessenvertretern.
Zugunsten einer hohen Authentizität nehme ich namentlich Bezug auf Quellen, wenn die Befragten einer Veröffentlichung nicht widersprochen haben (haben zwei!). Die betroffenen Arbeitsuchenden nenne ich grundsätzlich nur mit Initialen und Alter. Lediglich die mir wichtigen Medienbeiträge in Kapitel 11 werden mit genauem Erscheinungsdatum genannt.

>*Fired* – die Krise macht dich besser!< erscheint zeitgemäss zur derzeitigen Krisensituation des Arbeitsmarktes und der Wirtschaft schlechthin und dem Bestreben aller aus der Krise herauszukommen.

Was kommt in den Kapiteln auf mich zu?

→ *ZUM GELEIT* wurden vier Mottos vorgestellt, von einem Wissenschaftler und Stiftungsvorsitzenden, einer Studentin aus China, einer Managerin und einem Philosophen.

→ Der *Dank an jene* (mit persönlicher Namensnennung), *die mit ihren Beiträgen und Aussagen in den Interviews die Gestaltung des Essays unterstützten*, schliesst sich an.

→ Im Vorwort *KAPITEL 1* hat Drs. Bert Willems, ein Niederländer in Deutschland, Stellung genommen. Der Marketingfachmann mit Wohnorten in der Nähe von Amsterdam und in Dresden wurde bei einem Engagement in Deutschland selbst gefeuert; er beschreibt wie er aus der Krise kommt.

→ In diesem *KAPITEL 2* wird also das Buchprinzip vorgestellt .

→ Das Stichwortregister für den Direktzugriff ist *KAPITEL 3* . Hier kann der *Direktzugriff auf Ihre Themen* erfolgen, auch auf das, was Sie sonst direkt wissen wollen. Da gibt es kein grosses Blättern und Suchen. Es erlaubt, die eigene aktuelle Situation so nah wie möglich und ohne Umschweife mit der geschilderten Darstellung konfrontiert zu sehen.

→ Es mutet uns schon als eine komische Philosophie an, Chancen im Hire&Fire Management zu sehen. *KAPITEL 4* lesen Sie am besten nach dem Motto von Baltasar Gracián y Morales:
„Man muss lernen, die Dinge der Welt sämtlich verkehrt herum zu betrachten, um sie richtig zu sehen."
Das an sich negativ besetzte ‚Hire and Fire' wird als solches aufgenommen, die Knappheit der Ressource ‚Geld' wird thematisiert und Visionen des künftigen Zusammenlebens werden gestellt.
Im Zeitalter der Globalisierung und gleichzeitiger Individualisierung wird sich ein Netzwerk von Partnerschaften entwickeln. Kommunikation wird dabei einen neuen Stellenwert erhalten, heraus aus der Unterordnung in den Marketingpolitiken oder dem technischen Verständnis: „Ein ICH strebt zum anderen ICH und nutzt als Katalysator das Medium 'Produkt'." Hieraus erwächst Mündigkeit, und schon sind wir bei Kant oder wieder mal bei ihm: „Habe Mut ..."
Anmerkung: In mehreren meiner Interviews wurden thematische Aussagen zum Hier und Heute von meinen Gesprächspartnern als Anleihen an Philosophen oder Sprichwörtern oder Märchen festgemacht.

→ *KAPITEL 5* behandelt die Verantwortung bei >*Fired* – Die Krise macht dich besser!<. ‚Verantwortung' wird programmatisch verstanden und mit Hinweisen und Situationsbeschreibungen verdeutlicht, die in der Zielrichtung auf einen selbst als auch auf das Unternehmen sowie für die Wirtschaft und Gesellschaft generell auf den Punkt führen.
Das Ergebnis bzw. die Konsequenz ist:
Wir befinden uns bereits in einem Paradigmenwechsel.
Stimmig wird das auch durch verschiedene Statements, dass die Krise (ein Unternehmer spricht von Rosskur) auch Chancen bietet. Dabei wird kritisch kommentiert, dass die Presse nicht genügend ihren Beitrag leistet, um Wachstumsimpulse zu publizieren und damit

Prosperitätsdenken mit anzuschieben. Überwiegend stellten in den Interviews gerade die Unternehmer fest, dass die Presse hier versagt oder nicht begriffen hat, einmal die von Absatzzahlen geprägte Medienphilosophie ‚bad news are good news‘ hintan zu setzen.
Und wie ein bekannter Sozialwissenschaftler meint: „Auch Verbände haben neu über ihre Rolle nachzudenken, damit sich Politik und Wirtschaft nicht nur über die Medien die Meinung sagen, was doch niemanden hilft."
Was ich sage:
„Wir alle müssen ran!"

→ Aufgrund der Situationsanalyse habe ich sechs Leitthemen in *KAPITEL 6* herausgestellt, um Krisen zu meistern und Zukunft zu gewinnen.
Die Leitthemen:

- 1 Sich selbst erkennen ← System Delphi / Sokrates
- 2 Mündigkeit verkörpern ← System Hobbit / Tolkien
- 3 Für Partnerschaft offen sein ← System Fritz+Ferdinand / Busch
- 4 Ausschau halten ← System Seeräuber-Jenny / Brecht
- 5 Kommunikation führen ← System Hase+Igel / Grimm
- 6 Networking praktizieren ← System Fluggänse / Abstiens

Dass wir ran müssen, jeder von uns, und wie wir dabei vorzugehen haben, das wird an den Leitthemen deutlich gemacht. Mit ihnen wird eine Orientierungsschnur geschaffen.
Stets beginnen sie mit Darstellungen der Nicht-Wirtschaftswelt, die jedermann bekannt sind (so aber möglicherweise noch nicht gesehen wurden). Um so einprägsamer kommt heraus, worum es in letzter Konsequenz gehen kann. Auch die Statements aller Interviewpartner werden unter den Gesichtspunkten der Leitthemen gewertet.

→ ‚Der Neuanfang – mehr als einmal im Leben', so ist *KAPITEL 7* getitelt. Kernelemente sind hier beispielhafte Darstellungen, die deutlich machen, dass ein Neuanfang immer möglich ist – getreu dem Wort des Philosophen Peter Sloterdijk „Keine Geschichte macht dich alt. Jede bewusste neue Sekunde ist der Anfang einer Anderen Geschichte.*"*

→ *KAPITEL 8* stellt eine Auswahl entscheidender Impulse beim Neuanfang ‚Was und wer sie sind!' stichwortartig vor. Sie sind in den Statements und Interviewaussagen der nachfolgenden Kapitel 9 und 10 im Kontext zu lesen. Es wird versucht, diese Aussagen – so weit es möglich ist – mit den Leitthemen des Kapitels 6 in Einklang zu bringen.
Sie stellen so etwas wie psychologische Impulse dar, die formelhaft aufgenommen und somit leicht behalten und weitergegeben werden können.

→ Business für's Leben oder Leben für's Business heisst *KAPITEL 9* „Ich bin besser geworden durch meine Kündigung!"
Betroffene berichten, wie sie ihren Arbeitsplatz aufgeben mussten und über die damit verbundenen Umstände, und wie sie letztlich den Weg nach vorn fanden, aus der Krise zum Erfolg kamen. Das besondere Wegweisende wurde dabei markiert. Zusätzlich sind die Berichte mit einem Kommentar von mir ergänzt.

→ Das *KAPITEL 10* zeigt im Originalton die geführten Interviews auf, Gespräche (mit Fragebogen) zu Chancen im Hire&Fire Management im pro und contra mit Unternehmensmanagern, Beratern für Stellensuchende und Existenzgründer und Interessenvertretern der Verbände und der Politik.
Die von mir Interviewten werden zitiert, wie sie ihre Businesssituationen einschätzen. Damit werden Interessenlagen (ohne dass ich sie

extra kommentieren muss) erkennbar, in denen sie sich befinden und auf die sich die Stellensuchenden oder Existenzgründer einzustellen haben.

→ Aus den Medien wurden in *KAPITEL 11* sieben Beiträge ausgewählt, die zu >*Fired* - Die Krise macht dich besser!< passen,
im einzelnen:

- ➢ Hire and Fire – Kopf oder Zahl
- ➢ Outsourcing!
- ➢ Die Wir-Qualität
- ➢ Hurra - Ich bin gefeuert!
- ➢ Bewerbung leicht gemacht
- ➢ Mehr Risiken, mehr Chancen – Trends in der Arbeitsmarktmobilität
- ➢ Hire&Fire Management – Chance für Unternehmen und Mitarbeiter

→ *KAPITEL 12* nennt sechs Thesen zu >*Fired* – Die Krise macht dich besser!<.
Die Leitthemen aus Kapitel 6 habe ich zu Thesen werden lassen und kenntlich gemacht, welches – uns allen bekannte märchenhafte – System dem entspricht.
Thesen werden leichter gehört. Man kann sie gut weitergeben. Sie fordern zur direkten Auseinandersetzung heraus. Die eigene ganz persönliche Situation lässt sich an Thesen kurz und bündig, zum Beispiel mit ‚ja' und ‚nein' oder ‚on' und off' o.ä. bestimmen.

→ Im *ANHANG* findet die Leserschaft ‚Sprüche' von Weisen - die zum Essay passen und eine Bücherliste (eine Auswahl)

Wie helfen mir die Leitthemen, die zu sechs Thesen werden?

Erinnern Sie sich, worauf ich bei ‚Warum dieser Essay?' abhob?
Ich sehe in der Tat einen Weg aus der Krise zum Erfolg.
Das ist für die Stellensuchenden und Existenzgründer eine echte Zukunftschance, wenn sie offensiv sich den Arbeitsverhältnissen – Ihrer beruflichen Situation – stellen.
Ich kann es nicht genug wiederholen:
Im Grunde geht es darum, in jeder misslichen Lage aus einer Objekthaltung sich in eine Subjekthaltung zu katapultieren und gerade im künftigen permanenten ‚Hire and Fire' stets den rechten Fuss im Steigbügel zu haben.

Damit's auch klappt, sollen die sechs Leitthemen aus KAPITEL 6 helfen. Verstehen Sie sie als Stationen zum Ziel.
Damit Sie mit ihnen auch alle Möglichkeiten nutzen und für jede Richtung öffnen können, ist es notwendig, sie vom Ballast konkreter Hinweise zu entlasten.
Sie bedürfen dafür einer allgemeinen Beschreibung. Da eignet sich am besten, sie als Thesen zu definieren.
Mit Thesen kann man leben, sich auseinandersetzen, bejahen, kritisch hinterfragen, in den Diskurs mit anderen gehen und komplett verinnerlichen.

THESE 1	Erkenne dich selbst	←	System Delphi / Sokrates
THESE 2	Verkörpere Mündigkeit	←	System Hobbit / Tolkien
THESE 3	Sei offen für Partnerschaft	←	System Fritz+Ferdinand / Busch
THESE 4	Halte Ausschau	←	System Seeräuber-Jenny / Brecht
THESE 5	Führe Kommunikation	←	System Hase+Igel / Grimm
THESE 6	Praktiziere Networking	←	System Fluggänse / Abstiens

In These 1 „Erkenne dich selbst“ und 2 „Verkörpere Mündigkeit“, da befasst sich jeder noch mit sich selbst.
In These 3 „Sei offen für Partnerschaft“, 4 „Halte Ausschau“ und 5 „Führe Kommunikation“, da ist der Gegenüber im Blick.
In These 6 „Praktiziere Networking“ hat jeder viele Gegenüber, die ihm seine Zielerreichung erleichtern.
Aber zu beachten ist, dass mit These 6 die Höchsteffizienz nur stattfindet, wenn alle Thesen vorab akzeptiert und als Leitthemen erfüllt bzw. integriert sind.

KAPITEL 3
Stichwortregister für den Direktzugriff

Mit diesem Leitfaden kann der *Direktzugriff auf Ihre Themen* erfolgen, auch auf das, was Sie sonst direkt wissen wollen.
Das erlaubt, die eigene aktuelle Situation so nah wie möglich und ohne Umschweife mit der geschilderten Darstellung konfrontiert zu sehen.

Die Stichwörter sind alphabetisch geordnet, vorangestellt sind die Leitthemen des Essays. Die genannten Seitenzahlen sind zum Teil fett schwarz gedruckt, ein Zeichen dafür, dass an dieser Stelle das Thema (von der genannten Seite an) auf mehreren (nicht extra genannten) Seiten im Zusammenhang behandelt wird.

Ein Beispiel:
Sie wollen direkt alles über das Thema 'Networking' lesen!
Networking **32**,61,96,**113**,138,144,145,146,198, 199,205,224,228
Wenn Sie Seite **32** wählen, erscheint dieser Text:

> Sensibel erfasst man Möglichkeiten für Networking und nutzt sie. Wie Networking Existenzen retten kann, werden Ihnen im Kapitel 6 die ‚Fluggänse‘ zeigen. An dieser Stelle zur Begriffsklärung folgendes:
>
> Networking ist ein Modewort mit weittragenden Konsequenzen. In Deutschland wurde es in den Siebzigern als Netzwerk im Sozialbereich bekannt, zuerst in Berlin. Auch heute heisst es hier noch so. Karin Nell von der Diakonie in Düsseldorf kennzeichnet in Anlehnung an die Fachfrau für Altenbildung, Sylvia Kade, wie ein Netzwerkaufbau erfolgt. Sie werden noch sehen, dass er in hohem Masse mit der Entwicklung unserer sechs (Busi-

ness-)Leitthemen korrespondiert. Nell/Kade beschreiben die Wesensmerkmale der Situation des Einzelnen im Netzwerk so:

1. Phase: „Ich für mich!"
2. Phase: „Ich mit anderen für mich!"
3. Phase: „Ich mit anderen für andere!"
4. Phase: „Andere mit anderen für mich!"

Nell weist ausdrücklich daraufhin, Netzwerkarbeit nicht als uneigennütziges Tätigsein für andere anzusehen:
„Wer sich in einem Netzwerk für andere engagiert, erwirbt soziales Kapital. Das heisst: Er oder sie kann auf die Ressourcen der aufgebauten sozialen Netze zurückgreifen und im Falle eigener Hilfebedürftigkeit freiwillige Leistungen erwarten."
Seit das Business ‚Netzwerk' als Initiative adaptiert hat, spricht man auch in Deutschland von Networking. Mit dem Englischen, der -ing-Endung, kommt stärker der Charakter der Aktion, des Tätigseins hervor. Und das trifft genau den Punkt.

Listing der ausgewählten Stichwörter; die sechs Leitthemen sind vorangestellt:

KAPITEL 4

Chancen im Hire&Fire Management?
– Was für eine Philosophie!

„Nein zu Hire and Fire!"
Denkt nicht jedermann so? In Deutschland, in der Welt?
Wir brauchen nicht mehr nur zu vermuten, dass Kündigungen nur den kleinen Mann oder Leute mit nicht ausgeprägtem Bildungsstand treffen.
Nein, es ist ein Problem aller. Und es ist international!
„'Nein zu Hire and Fire!'
Lehrende an den österreichischen Universitäten schlagen Alarm. Durch den von ministerieller Seite in Umlauf gebrachten Plan einer zukünftigen Beschäftigungspolitik nach dem Prinzip ‚Hire and Fire' sehen sie ihre Arbeitsplätze sowie die Qualität der Lehre und Forschung ernsthaft in Gefahr. Streikdrohung an der Universität Wien."
– so die Redaktion der Universitätspresse in diesem Frühjahr.

Genau so wie den Lehrenden in Wien ist uns Hire&Fire bekannt, uns allen gegenwärtig. Den meisten als amerikanischer Ist-Zustand im Beschäftigungsleben schon seit langem bewusst, oft belächelt, zuweilen kolportiert. Hier eine aktuelle Sachinfo dieses Sommers von der Rutgers University, New Jersey aus der Studie: "The Disposable Worker: Living in a Job-Loss Economy":

„Der grösste Teil der Beschäftigten in den USA, nämlich 56 Prozent, hat bereits mehrmals im Leben eine Kündigung erhalten. Ein Drittel der Gefeuerten verlor den Job ohne Ankündigung von einem Tag auf den anderen. Eine Abfindungszahlung erhielten nur 31 Prozent der Gekündigten. Bei 28 Prozent war der Arbeitgeber bereit, über den Tag des Jobverlusts hinaus Beiträge zur Krankenversicherung zu zahlen. Nur 15 Prozent der Entlassenen wurden mindestens zwei

Monate im voraus von ihrem bevorstehenden Ausscheiden müssen unterrichtet. Die meisten Arbeitgeber kümmerten sich nicht um das US-Bundesgesetz, das für Arbeitgeber mit mehr als hundert Beschäftigten die fristgemässe Ankündigung vorschreibt.

Doch vielen der Gefeuerten gelang eine rasche Rückkehr ins Berufsleben:
Mehr als die Hälfte hatte schon nach sechs Monaten wieder eine Stelle. Gerade mal sechs Prozent waren nach einem Jahr Arbeitslosigkeit immer noch auf Jobsuche.“

Die Knappheit der Ressource ‚Geld‘ beflügelt die Amerikaner so, dass grosses Lamentieren ebenso wenig an der Tagesordnung ist wie zeitintensives Weiterbilden auf Staatskosten. Zeit- und finanzintensives Weiterbilden ist jetzt auch in Deutschland drastisch zurückgeschraubt. Die Arbeitsämter finanzieren nur noch einen Bruchteil von vordem.
Erlauben Sie einen Einschub zu Weiterbilden.

> Wissend blickt der nach Einblick in seine schriftlich gefassten Interviewaussagen nicht genannt werden wollende Geschäftsführer eines Instituts für Supervising und Coaching in Düsseldorf auf seine langjährige Zusammenarbeit mit der Arbeitsverwaltung zurück:
> „Weiterbildung hilft überhaupt nichts, wenn die Eigenmotivation nicht da ist“.
> Über viele Jahre haben das zumindest die Arbeitsämter bei Beauftragung der Massnahmeträger nicht berücksichtigt oder nicht erkannt.
> „Heute ist das Profiling eine gesetzlich festgeschriebene Aufgabe“, betont denn auch Werner Marquis als Pressesprecher des

Landesarbeitsamtes Nordrhein-Westfalen, „früher hatten wir es nur im Kopf."

Auch uns in Deutschland genauso wie den Lehrenden in Wien ist - stets drohender werdend – gegenwärtig, wie Geldknappheit unsere Gewohnheiten umkippt.
Und das kann ganz lapidar und zeitnah festgemacht werden.
Denn zumindest der Sommerurlaub wird daheim oder nicht weit davon verbracht. Wie vom Himmel geschickt, machte in diesem Jahr die Temperatur auch mit. Die Zugvögelmentalität ist also erst einmal dahin, und das FernreisenBusiness ist in der Krise.
Das jetzt auch!

Bleiben wir noch für einen Moment in der Walzer- und Heurigenstadt. Die Lehrenden dort können also ihr Leistungspotenzial nicht an die Lernenden heranführen, mangels einem vertraglichen Angebot Geld für Leistung.
Und was tun auch die von ihren Lehraufgaben Entbundenen als erstes?
Was nicht wenige der Gefeuerten tun!
Fast alle – überall, und in Deutschland können wir ein Lied davon singen:
Man geht frustriert in sich und verflucht das System, kollektiv personifiziert in ‚die da oben', die offensichtlich ‚die da unten' weniger werthaltig einschätzen.
Das dauert!
Sehr bald schon sind es die Lieben daheim, die sie damit konfrontieren, zu bisher gewohnten Ausgaben ‚Nein' sagen zu müssen. Fast furchtsam trauen sie sich festzustellen, dass es wohl nötig ist mit dem verbliebenen Geld oder mit der reduzierten Arbeitslosenunterstützung behutsam umzugehen.

Und wenn es dann ganz knapp wird, dann – ja, zumeist erst dann! – kommt das Nachdenken, wie es mit dem Leben weitergehen soll. Kommt in dieser Lebensphase ein Jobangebot, stellt man sich überraschend realistisch, erst sich selbst, dann denen um einen herum: „Das ist nicht mein Traumberuf. Aber ich kann jedenfalls einen Job haben. So schlecht habe ich es nicht getroffen.“
Ganz undramatisch drückte es die Bürgermeisterin von Nordhausen in der Talkshow Berlin Mitte im Mai dieses Jahres aus:
„Bei uns in den Neuen Bundesländern nimmt inzwischen jeder jedes Jobangebot an.“

Mit dem Offensein für die Jobannahme tritt Entspannung ein. Cool argumentiert man über Gott und die Welt beim nächsten halboffiziellen Zusammenkommen in welchem Kreis auch immer.
Betrieblich, beruflich oder familiär.
Sensibel erfasst man Möglichkeiten für Networking und nutzt sie. Wie Networking Existenzen retten kann, werden Ihnen im Kapitel 6 die ‚Fluggänse‘ zeigen. An dieser Stelle zur Begriffsklärung folgendes:

> Networking ist ein Modewort mit weittragenden Konsequenzen. In Deutschland wurde es in den Siebzigern als Netzwerk im Sozialbereich bekannt, zuerst in Berlin. Auch heute heisst es hier noch so. Karin Nell von der Diakonie in Düsseldorf kennzeichnet in Anlehnung an die Fachfrau für Altenbildung, Sylvia Kade, wie ein Netzwerkaufbau erfolgt. Sie werden noch sehen, dass er in hohem Masse mit der Entwicklung unserer sechs (Business-)Leitthemen korrespondiert. Nell/Kade beschreiben die Wesensmerkmale der Situation des Einzelnen im Netzwerk so:
>
> 1. Phase: „Ich für mich!“
> 2. Phase: „Ich mit anderen für mich!“
> 3. Phase: „Ich mit anderen für andere!“
> 4. Phase: „Andere mit anderen für mich!“

Nell weist ausdrücklich daraufhin, Netzwerkarbeit nicht als uneigennütziges Tätigsein für andere anzusehen:
„Wer sich in einem Netzwerk für andere engagiert, erwirbt soziales Kapital. Das heisst: Er oder sie kann auf die Ressourcen der aufgebauten sozialen Netze zurückgreifen und im Falle eigener Hilfebedürftigkeit freiwillige Leistungen erwarten."

Seit das Business ‚Netzwerk' als Initiative adaptiert hat, spricht man auch in Deutschland von Networking. Mit dem Englischen, der -ing-Endung, kommt stärker der Charakter der Aktion, des Tätigseins hervor. Und das trifft genau den Punkt.
Im Internet erklärt Elke Bleich von der Initiative ‚Frauen in Potsdam' den Begriff Networking so:
„Was ist Networking?
Seitdem die Neuen Medien in den computerisierten Arbeitsprozessen Einzug gehalten haben, ist der Begriff Networking immer häufiger zu hören und vor allem zu lesen. *Network* bedeutet auf Deutsch *Netzwerk* oder *Verteilernetz*, der Begriff hat also eine technische wie auch eine Beziehungs-Bedeutung. Das ist kein Zufall, denn eine Kommunikation nach bestimmten Regeln in einer abgesteckten Interessengruppe lässt sich auf Interaktionen zwischen Menschen ebenso wie auf den Funktionsablauf in einem Computernetzwerk übertragen.
Networking dagegen bedeutet im deutschen Sprachgebrauch *Beziehungen pflegen* und ist damit eindeutig ein Synonym für soziale Kontakte unter Gleichgesinnten, die einem bestimmten Zweck dienen sollen. Networking lässt sich auch mit dem deutschen Begriff *Seilschaften knüpfen* übersetzen.

Die Coolness im Diskurs kann dabei auch auf Interessenlagen anderer treffen, womöglich attraktiv wirken für neue Jobgelegenheiten. Denn es gibt sie.

Allein die Entwicklungen der vergangenen Jahre auf dem Dienstleistungs- und Technologiesektor zeigen:
Wir werden im Arbeitsmarkt mit Neuem in einer immensen Fülle zu rechnen haben. Und dieses qualitativ Neue wird Quantitäten einfordern, also Leute, die die Arbeit tun - gleich an welchem Platz.
Auf uns kommen zu:

- neue Zeitansätze
- neue Wege
- neue Geschäftstätigkeiten
- neue Marktplätze
- neue Schul- und Hochschulformen
- neue Ideen
- neue Unabhängigkeiten
- neue Abhängigkeiten
- neue Strukturen

Und es gibt die Unternehmen, die sich diesem Neuen stellen und der Öffentlichkeit Beispiel geben wollen, wie die TOP 100, ermittelt von der Bodenseefirma Compamedia und als solche herausgegeben von Dr. Lothar Späth. Compamedia lässt nicht locker, Mut machende Beispiele vorzustellen und wird im Januar 2004 die Firmendokumentation TOP JOB unter der Schirmherrschaft von Dr. Günter Rexrodt herausbringen.

Wenn man Friedrich-Wilhelm Rennen, dem Personalchef der Ferrostaal Essen, beim Gang durch die Firmenräume folgt, bekommt man eine Ahnung, dass es Unternehmen gibt, die die Einstellung zum je Neuen mit ihrer Tradition verwoben haben. Seit 24 Jahren finden sich die Mitarbeiter und die Chefs (!) im gemeinsamen Grossraumbüro ein. Die Arbeitszeit richtet sich nach Projektaufgabe, so dass 24 Stunden am Tag der Arbeitsplatz zugänglich ist.

Es kommt mir der Soll-Vorstellung eines „Lernunternehmens, das wie ein Organismus mit den Kundenbedürfnissen pulsiert“, wie Dr. Robert Coenen, Chefeinkäufer einer grossen Messegesellschaft es beschreibt, doch recht nahe.
„Klar, dass es bei uns keine Stechuhren gibt. Wir haben mündige Mitarbeiter", so Rennen. Nicht nur Zeitflexibilität ist angesagt, bei grösseren Projekten stellen die Projektmitarbeiter auch ihre Arbeitsplätze zusammen. Der Gabelstapler hilft ein wenig beim Möbelrücken. Weder gibt es die üblichen Stellenbeschreibungen noch Überstundenbezahlung – aber eine fette Tantieme zum Jahresende.
Was Wunder, wenn der Personalchef mir gegenüber bei der Verabschiedung betont:
„Wissen Sie, wir sind als Ganzes stark. Das eingefahrene Netz ist bei uns das Entscheidende.“
Einer Philosophie des Hire&Fire-Managements muss sich die Firma nicht stellen. Das hat sich herumgesprochen. Tausende von Blind Bewerbungen erhält sie.

Anfang der Neunziger wagten John Naisbitt und Patricia Aburdene in ihren ‚Megatrends 2000‘ eine Trendaussage:
„Die neue Ära des Individuums entfaltet sich zeitgleich mit dem Trend zur Globalisierung."
In der Ausführung dieses Gedankens ziehen die Autoren das Fernsehen heran und betonen die Freiheit des Einzelnen, das Programm seiner Wahl einzuschalten. Von hier aus versteht sich der Weg ins Internet als Hüpfer, vor allem wenn man das Fernsehen als potenzielles Internetmedium betrachtet. Christian Scholz sieht es von seinem Stuhl der Betriebswirtschaftslehre aus. „ ... das Internet arbeitet wie ein Multiplikator:
Gesellschaftliche Strömungen werden aufgegriffen, vervielfältigt und letztlich zu einem Bewegungsmoment zusammengeführt, das kaum Grenzen kennt.“

Die Globalisierung zeigt den Individuen ein variantenreiches Muster für Wünsche und Interessen auf. Kennzeichnend war die Mitteilung der Westdeutschen Zeitung im Frühjahr 1999:
„Arbeite mit wem, wann und wo du willst".
Der Aufruf kann zum Motto der neuen Interessenlage werden:
Das Motto!
Für globale Arbeitsteams,
gegen Fixierung nationaler Arbeitsplätze,
gegen Arbeitszeit nach Agrarordnung,
gegen Ladenschlussgesetze,
für Blumenbeete statt Verkehrswege,
gegen komplexe Bürobauten,
für Fernsteuerung von Fertigungsprozessen,
für Freizeit morgens um Elf
mit einem Gottesdienst am Montagnachmittag
mit anschliessendem gemeinsamen Kaffeetrinken.
Vive la communication!
Sie merken schon, ich habe die Interessenlagen ein wenig überzogen, um deutlich zu machen, dass wir uns hüten müssen – bei allen Möglichkeiten, die uns gut tun – nicht einem Wahnwitz zu erliegen.

Andererseits – zu viel sollten wir von uns Deutschen auch nicht erwarten. Meinhard Miegel, als praxisnaher Sozialwissenschaftler bekannt, erinnert mich daran, dass wir in unserem Land nicht die Neigung haben zu internationalisieren.
„Denken Sie nur an ‚gleicher Lohn für gleiche Arbeit'. Hiervon abzurücken steht für Deutsche in den Sternen."
Mir fällt ein, in der Bibel hatten schon die Tagelöhner im Weinberg, und zwar die, die zuerst zum Arbeiten gekommen waren, ein Problem damit. Sie wurden aber vom Arbeitgeber zurechtgewiesen:
„Es gilt, was vereinbart ist."

Wenn die ersten nicht aufpassen, werden sie die letzten sein. Das hat jetzt nichts mehr mit Theologie zu tun!

Die Global Challenge ist eine individuelle Herausforderung und wird zum Funktionieren ein Netzwerk von Partnerschaften hervorrufen, nicht nur zwischen Organisationen in verschiedenen Nationen und Kulturen sondern auch zwischen Einzelnen und Organisationen, zwischen Praxis und Wissenschaft.

Um dies alles in Gang zu bringen muss ein neuer thematischer Höhepunkt uns leiten, und aus seinem Schattendasein der Unterordnung in den Unternehmens- und Marketingpolitiken heraustreten: Kommunikation!
Erst die Erfindung einer zeit- und ortsunabhängigen (mit ihren ambivalenten Wirkungen auch auf den Arbeitsmarkt) Bedingung der Kommunikation schaffte so etwas wie ein Welt-Öffentlichkeit. Das Telefon war da der Anfang und hatte seine Zugangsbeschränkungen. Inzwischen ist ein technologischer Sprung von kaum geahnten Ausmassen geglückt.
Ernst Schwanhold erinnert sich der letzten 14 Jahre:
„Nach 14 Jahren Berufspolitikerdasein in Bundestag und Landesregierung kehre ich zurück in die Wirtschaft. Bis 1990 war ich verantwortlich in einem mittelständischen Unternehmen tätig. In dieser Zeit hat sich unendlich viel verändert. Der Globalisierungsprozess hat rasante Fortschritte gemacht. Der EURO hat einen deutlich grösseren einheitlichen Wirtschaftsraum geschaffen. Daten und Fakten sind überall zeitgleich verfügbar. Der Wettbewerb ist viel brutaler geworden, es gibt kaum noch Nischen. Deutschland hat den Einigungsprozess zu gestalten und zu finanzieren, dabei in manchen Bereichen teuere Sonderwege gewählt. Das zwingt zu intelligenten Lösungen auf Unternehmensebene.“
Genau!

Welches Unternehmensmanagement da nicht seine Lage von Grund auf überdenkt, hat kaum Aussicht seine Firma im Markt zu halten. Beten nützt nichts!
Vom Himmel wird keine Erhaltungsgarantie herabkommen, um das angestammte Unternehmen zu beschützen. Noch weniger gibt es eine Stammplatzgarantie für die Beschäftigten - in Anlehnung an den vorerwähnten Christian Scholz und sein Buch ‚Spieler ohne Stammplatz / Darwiportunismus in der Neuen Arbeitswelt' (noch frisch auf dem Markt!). Daraus folgt: Zum gedeihlichen Miteinander müssen sich Individualisierung und Globalisierung auf den Weg zueinander machen. ‚Kommunikation‘ – das ist das Zauberwort zum Gelingen!

Kommunikation ist:

→ Miteinander,

→ Beweglichkeit,

→ Entwicklung,

→ Fortschritt.

Das erfordert eine Neu-Positionierung des Begriffs 'Kommunikation' und wird das herkömmliche Denkschema eines Kommunikationssystems nach der *klassischen* Lasswell-Formel sprengen:
'Who says what in which channel to whom with what effect'.
Wer sich mit dieser Definition und jeder anderen befasst, ist schon im Prozess der Kommunikation. Beleuchtet sei es hier kapitelgemäss mit einem Bröckchen Philosophie:
Es geht wieder einmal um die Gnade der früheren Geburt 'Henne oder Ei' entsprechend 'Essenz oder Existenz'.
Die Frage stellt sich:
Ist da zunächst ein Produkt, eine Produktidee, zu der irgendwann die Sache mit der Kommunikation dazukommt, oder
ist es die Erkenntnis, dass Kommunikation in allen Verständigungsprozessen immanent, d.h. immer schon da ist. Man hat sich vorzustellen:

Ein ICH strebt zum anderen ICH und nutzt als Katalysator das Medium Produkt, zum Beispiel.

Da wären wir dann auch beim Ursprung des Wortes:
'Kommunizieren' heisst eigentlich gemeinsam machen, vereinigen, zusammenlegen, dann auch mitteilen, nicht zuletzt aber auch sich beraten, besprechen.
Im Gegensatz dazu Information:
Information hat die Tendenz des einseitig Gerichteten: (hinein-) formen, während Kommunikation eben den Gegenüber als mündigen Partner aufnimmt.

Kommunikation, die Fähigkeit zu kommunizieren, wird nun das Mass der Dinge.
Das frühere Weisung geben, das Antanzen – das ist passé, nur eine Erinnerung an das Oben und Unten in einfach strukturierten und zumeist lokal überschaubaren Organisationen. Eine Reihe von Grossunternehmen und einige Mittelständler haben reagiert und das Ressort ‚Unternehmenskommunikation' geschaffen. Ein erster Schritt zur Überordnung, wenn es auch zuweilen nur ein anderer Name für die Presseabteilung ist.
Immerhin!

Wird der Weg der Kommunikation nicht beschritten, lassen wir uns von einem hungrigen Grizzlybär verführen. Der eine oder die andere kennt sicher die Story:
„Zwei Freunde sind auf Wanderung in den Rockey Mountains. Dabei entdecken sie zu ihrem Schrecken, dass ihnen ein grosser, hungriger Grizzlybär folgt, der ihnen näher kommt.
Zu ihrer Überraschung stellt sich ihnen plötzlich eine gute Fee in den Weg.

‚Einen Wunsch habt ihr zu eurer Rettung frei', sagt sie den Flüchtenden. Ohne zu zögern sagt der eine:
‚Ich wünsche mir ein Paar Rennschuhe', die er auch sofort erhält.
Verblüfft fragt der andere:
‚Warum hast du dir um Gottes willen Rennschuhe gewünscht. Damit kannst du doch auch nicht schneller rennen als der Bär?'
‚Das ist richtig', erwiderte der, ‚aber jetzt bin ich schneller als du'."

Die - amüsante (?!) - Erzählung weist auf die Gefahr des Egomanischen, des Egozentrischen, auf den Verlust von Solidarisierung hin. Damit es nicht dabei bleibt, bleibt die Forderung, der Aufruf: Kommunikation der Mündigen!

Nicht müde, eine solche ‚Wünschbarkeit des Mündigen' einzufordern, wurde schon vor Jahren der Wirtschaftswissenschaftler Bruno Tietz. Ein Philosoph steht ihm bei – ein rechter Mutmacher, der Peter Sloterdijk:
„Keine Geschichte macht dich alt. Jede bewusste neue Sekunde ist der Anfang einer Anderen Geschichte."

Aus der Schule kennen wir Ähnliches:
„Habe Mut, dich deines eigenen Verstandes zu bedienen" und wir erinnern uns vage, dass damit das Zeitalter der Aufklärung charakterisiert wurde. Eigentlich kann das nur von Immanuel Kant sein. Sie erinnern sich noch an die Zeit Ihrer Schulzeit:
Vor 250 Jahren wurden wir Unmündige von Wissenden wie Kant über unser Dasein, unser Verhalten aufgeklärt.
Er stellt sich einen Menschen vor, der sich an seine vitalen Wurzeln packen soll um sich seines Mutes bewusst zu machen, „dem die moderne Verzweifelung an den ‚Verhältnissen' fremd ist", so der lebende Philosoph Peter Sloterdijk. Und er verweist auf das, was wir mit ‚Aufklärung' kennengelernt haben, nämlich „mit subjektiven Anstren-

gungen mit den Welttendenzen fertig zu werden, die den Massstäben der Vernunft ‚noch' nicht gehorchten".

Aus dem schier ausweglosen Einerlei von Leidenstiraden, nicht nur der Lehrenden in Wien, kristallisiert sich eine Ahnung, dass man mehr aus dem Momentanen machen kann.
Fussballfans denken da an Bayer 04 Leverkusen in der vergangenen Bundesligasaison.

Der Schriftsteller Somerset Maugham bleibt auch am Ball: In seinem Roman ‚Auf Messers Schneide' beschreibt er für seinen Helden Larry einen Selbstfindungsprozess par excellence, weil dieser "mehr aus seinem Leben machen möchte als Aktien verkaufen".
Eine Leitlektüre für alle Banker, die vor ihrer Freisetzung stehen:
"Was kann ein Banker sonst noch tun?"
Somerset Maugham sagt über seinen Helden:
"Er wollte wissen, worauf es am Ende ankam."
Unbegrenzte Chancen verspricht nicht nur die Globalisierung sondern auch das ICH.
Douglas McGregor war für den Menschen im Unternehmen der Protagonist; nach seiner No Future-Generation X (Theorie X) machte er mit Y (Theorie Y) die Chancenvielfalt der Generation publik. Für uns Menschen im Unternehmen heute gilt dies aber nicht allein mit Verstand und Vernunft zu realisieren, auch die Gefühlsseite hat ein Wörtchen mitzureden.
Ob dafür unserem Verstand und unserer Vernunft es gut tut, in bevorzugter Weise die Hilfe der Selbsterfahrungsfähigkeiten im Gefühlsleben anzunehmen – wie seit einiger Zeit in vielen Büchern und Seminaren einer neuen Heilslehre gleich propagiert wird – werden wir noch sehen.

Nichts sagt mir mehr über mich selbst, als mein eigenes Inmichgehen, mein Empfinden und dann die Erlebnisse anderer, die ich nachvollziehen oder mit denen ich mich sogar identifizieren kann – das alles gebündelt in Berichten, Reflexionen, Lehrmeinungen und Aufforderungen.
In dieser Erkenntnis ist dieser Essay aufgebaut.
„Manchmal entdeckt man sich dabei," meinte einer meiner Gesprächspartner bei den Interviews.
So entsteht ein Leitfaden.
Bestimmt!

KAPITEL 5

>*Fired* – Die Krise macht dich besser!

„Sie wollen doch mit Ihrem Buchtitel Provokation erzeugen?“
Mehr als einmal, im Grunde immer wieder, wurde mir diese Frage gestellt. Meine Antwort war stets gleich:
„Klar soll der Titel provokativ wirken, zum Widerspruch herausfordern, zum Nachdenken zwingen – zumindest gelesen werden.“
Die klassische Informationstheorie habe ich schliesslich gelernt und Marketing noch nicht verlernt:
>eine Information ist eine Neuigkeit; das Neue ist dabei nur deshalb neu, weil es dem nicht wissenden Empfänger der Information als unwahrscheinlich vorkommt<.
Denken Sie an Werbesätze der jüngeren Zeit: ‚Geiz ist geil‘ (Aber es ist doch eine Aufforderung zu kaufen?) oder ‚Wir machen den Weg frei‘ (Wer erwartet das heute noch von einer Bank?)

Aus den verschiedenen Statements hierzu möchte ich sechs in Ihren Blick rücken:

„Der Titel wirkt nur in der frischen Phase positiv, danach zieht er runter – schon aus Selbstschutz“ – so ein Berater am Arbeitsamt.

„Um das zu verinnerlichen, ist der Schmerz in West noch nicht gross genug“ – so der Personalleiter eines grossen Gebäudedienstleisters

„Es drückt die Kraft der Zerstörung aus, und dass aus Negativem Positives erwächst“ – so der Pressesprecher eines Landesarbeitsamtes

„Er fordert heraus, sich nicht in sein Schicksal zu ergeben, den eigenen Weg zu suchen“ – so ein Politiker und Mitglied des Bundestages

„Der Titel trifft besonders für uns zu; meine Mission, dass aus zwei Kranken ein Gesunder werden kann, war erfolgreich“ – so der Sprecher einer Bank

„Hurra, ich bin gefeuert (Hoera, ik ben ontslagen!)“ – so der Leitartikel in der niederländischen Tageszeitung De Volkskrant an einem Maiwochenende dieses Jahres

„Er war 55, zwei Jahre zuvor noch Mitgeschäftsführer einer Facilityfirma. Im Zuge einer Fusion musste er einem Mann des neuen Hauptaktionärs weichen.
„Ich bin bald soweit jedes Angebot anzunehmen.“
Es klang sehr resignierend. Ich tat mich schwer ihn zu fragen, ob er auch eine Anstellung als Pförtner in einer grossen Bankenzentrale annehmen würde. Er bekäme natürlich nicht mehr als ein Pförtnergehalt. Er stimmte zu.
„Schlimmer kann es ja nicht kommen.“
Auf meine Rückfrage versicherte er mir, dass er nicht mein Angebot meine, eher seine Situation.
Ich versprach im Verlaufe von 14 Tagen ihn anzurufen, ob der Arbeitgeber bereit sei, ihn anzustellen. Das klappte auch, sogar von heute auf morgen.
Vier Monate mochten es her sein, als mich der Personalmanager des Arbeitgebers anrief und mir berichtete, dass ‚mein Pförtner‘ inzwischen auf einen Lehrgang zum Kassierer sei. Ich war neugierig.
„Was ist passiert?“
„Das hat er unserem Vorstandsvorsitzenden zu verdanken. Bei einer längeren Sitzung neulich fand unser Vorsitzender nach 20 Uhr kei-

nen mehr im Büro, der für das länger tagende Gremium Essen besorgen konnte.
„Ihr Mann," meinte der Personalleiter, „hat das dann alles organisiert. In einem – wie gesagt – von unserem Vorstandsvorsitzenden vorgeschlagenen Perspektivgespräch konnte er sich vorstellen, als Kassierer für uns zu arbeiten. Dafür ist er gerade auf dem Lehrgang."

Eine Erfahrung dieser Art – betont Werner Marquis, der Pressesprecher des Landesarbeitsamtes Nordrhein-Westfalen – ist zwar nicht die Regel, macht jedoch deutlich:
„Chancen können sich aus jeder Krise ergeben. Krise kann alles sein, aber Chancen auch. Man muss sich der Frage stellen:
Was brauchst du finanziell, um zurecht zu kommen? Und dann – das sehe ich noch weit wichtiger bei den Angeboten, die da sind:
Was kann ich aus dem Arbeitsangebot machen?"

<u>Verantwortung - für sich selbst</u>

Zunächst – na, Sie kennen das Provozierende von dem Beitrag zuvor, hier die Erfahrung eines Beraters:

„Nach sieben, acht Monaten erlahmt die Eigenmotivation"
– so der Interviewpartner SC-Anonymus aus Düsseldorf
in seiner Eigenschaft als Leiter eines Supervising und
Coaching Centers für Arbeitsuchende.

Noch immer soll es Leute geben, die sich als Kruppianer, als Postler, als Sparkässler oder als Müller/Müllerinnen bezeichnen.
Voller Stolz natürlich und mit Rückblick auf Generationen davor, wo ein Beschäftigungsverhältnis eher als Firmen(zuge)hörigkeit zu definieren war.

ThyssenKrupp wird in Bälde wieder Tausende von der Familie abtrennen. Die Geldinstitute ebenso, besonders die Privatbanken, deren Mitarbeiter die Familienzugehörigkeit nicht namentlich benennen; es sind Commerzer, Deutsche und Dresdner. Deren namentliche Zugehörigkeit ist ja bekanntermassen besetzt.

So manchen der Familie wird es hart in seiner Lebenssituation treffen. Das haben sie nun davon, dass die Banken die Kundenorientierung ‚gross' geschrieben und das Massengeschäft angekurbelt haben, teilweise mit neuem Namen. Inzwischen haben die Institute so ihre Erfahrung.
In der Umschlagszeit von Strategieneinführung und deren Änderung sind sie Spitze. Die Sparkassen mit ihrer öffentlich-rechtlichen Struktur kommen da nicht mit. Nichts mit Hüh und Hott bei denen!
Entsprechend ist das freizusetzende Mitarbeiterpotenzial von Banken nach den Sparkassen hin abgestuft. Jedenfalls betont Dr. Gerd Meyer als Leiter der Pressestelle der Stadtsparkasse Düsseldorf den Unterschied.

Und was wurde alles den Mitarbeitern in den Unternehmen in Deutschland in den vergangenen Jahrzehnten an Gutem getan, um die sich verflachenden Zugehörigkeitsgefühle wieder aufzufrischen!
Erst mit dem Gedankengut der Mitarbeiterbeteiligung an Kapital und Entscheidungsprozessen.
So verkündet die Saarbrücker Zeitung noch vor zwei Jahren:
„Mitarbeiter-Beteiligung kann zur höheren Motivation im Unternehmen führen".
Der Geschäftsführer der Arbeitsgemeinschaft Partnerschaft in der Wirtschaft e.V. (AGP), der ‚unermüdlich rackernde' Michael Lezius „sieht nun Licht am Ende des Tunnels. ... erstmals eine wirkliche Chance in der gesellschaftlichen Realität."
Aber, aber - die Wirklichkeit hat uns eingeholt.

Schon längst!
Jene, denen Mitarbeiterbeteiligung als Chance verkündet wurde, sehen sich als Gefeuerte. Und die anderen Noch-Mitarbeiter sind Schwarzseher für das, was auf sie zukommen mag.
Mit Partizipation einher kam der gute Geist der Unternehmenskultur und blieb eine Weile. Noch im März 2003 widmet das Manager Magazin ‚Sparkasse' der Kulturpolitik im Unternehmen eine Kolumne. Walter Simon von der Business Training University Bad Nauheim sieht es denn auch so:
„Unternehmenskultur wird als erfolgsprägender Faktor des unternehmerischen Handelns verstanden".
Simon muss aber auch bekennen, dass man sie als solche innerhalb des Betriebs weil „meist so vertraut nicht mehr wahrnimmt".
Ohne das mit dem Vertraut sein würde Simons Wahrnehmung ins Schwarze der Unternehmenspraxis hier und heute treffen. Aber so ...

Mitarbeiterbeteiligung und Unternehmenskultur – sie werden auf der Strecke bleiben.
Wenn wir auch zu beiden nach wie vor und regelmässig Kommentare in den Wirtschaftsjournalen finden werden. Die Autoren sind zumeist Professoren, mit den zum Thema passenden Lehrstühlen. Die Veränderung der Unternehmenspraxis macht vor den Universitäten und Hochschulen unseres Landes offenbar halt. Wir wissen inzwischen:
Nicht vor jedem Institut, doch ansonsten:
Praxisschock!
So kennzeichnet ein Wort, was passiert, wenn der Arbeitsmorgen dämmert und die Hochschulabsolventen den Schritt vor die Tür wagen.

Wo? Wo ist die Mündigkeit der Mitarbeiter und solche, die es werden wollen – natürlich auch jene, die es schon mal waren?

Sag mir wo ich sie finde? Poetisch ist es eingängiger:
‚Sag mir wo die Blumen sind'.
Von der Diktion her macht sich Marlene Dietrichs Song auf jeden Fall besser.

Die diesjährigen ‚Duisburger Akzente' thematisierten innerhalb ihres Veranstaltungszyklus ‚Alles ums ICH', damit auch die Hartzsche ICH AG. Soziologen waren es, die sich gerade mit dem Menschen in Arbeit und Beruf zu befassen hatten.
Was übrigens ICH AG ist, übermittelt mir auf meine Nachfrage per eMail der Fachmann dafür, Ingo Alberti. Als Rechtsanwalt hält er sich an die Fakten, die ich an dieser Stelle einschiebe:

> „Bester Karl,
> vorliegend der gewünschte Text (Stand 17.9.03) zusammengesucht und überarbeitet:
> *1. Begriff der Ich-AG*
> Als Ich-AG wird ein Existenzgründungszuschuss bezeichnet, der ab dem 1.Januar 2003; zunächst bis zum Jahr 2005 befristet; insbesondere die Gründung von Kleinunternehmen mit einem maximalen Jahresarbeitseinkommen (= Gewinn) von EUR 25.000 fördern soll. Auch bei der Gründung als Familien-AG gilt diese Höchstgrenze; als mitarbeitende Familienangehörige gelten Ehegatten, Verwandte und Verschwägerte bis zum zweiten Grade sowie Pflegekinder des Gründers bzw. seines Ehegatten. Der Existenzgründungszuschuss kann von allen Berechtigten auf Entgeltersatzleistungen des Arbeitsamtes beim zuständigen Arbeitsberater formlos beantragt werden. Die Gesetzesgrundlage ist § 421 I SGB III.
> *2. Details zur Ich-AG*
> 2.1 Rechtsform und Steuern
> Die Ich-AG ist grundsätzlich ein Einzelunternehmen, umsatz-

und gewerbesteuerbefreit sowie von Industrie und Handelskammer-/Handwerkskammer-Beiträgen befreit.

2.2 Sozialversicherung
Für die die Dauer des Existenzgründungszuschusses, der im ersten Jahr monatlich EUR 600, im zweiten monatlich EUR 360 und im dritten EUR 240 beträgt, ist die Ich-AG versicherungspflichtig in der gesetzlichen Rentenversicherung.
Dies unterscheidet die Ich-AG vom Überbrückungsgeld als alternative Bezuschussung einer Existenzgründung.
2.3 Übergang / Ende der Ich-AG
Die Ich-AG kann durch Ablauf der Förderung oder Überschreiten der Einkommensgrenze in ein Unternehmen mit freier Rechtsformwahl (also auch in eine Kapitalgesellschaft) übergehen oder durch Betriebsaufgabe eingestellt werden.
3. Herkunft des Begriffs
Ich-AG ist ein Begriff, der mit dem "2. Gesetz für moderne Dienstleistungen am Arbeitsmarkt" (Hartz-Konzept) vom 23. Dezember 2002 in der BRD eingeführt wurde.
Die gesetzlichen Grundlagen der Ich-AG wurden im Jahresverlauf 2003 stetig modifiziert. Zunächst wurde die Ich-AG ab dem 1. Januar 2003 zunächst nur nach dem 2. Gesetz für moderne Dienstleistungen am Arbeitsmarkt, insbesondere § 426 I SGB III, definiert. Durch das Kleinunternehmerförderungsgesetz vom 11. Juli 2003 wurde die ursprüngliche Beschränkung auf Familienangehörige als Beschäftigte aufgehoben.
Viele Grüße Ingo Alberti“

Dass die diesjährigen Akzente ein Fall der Soziologie wurden, lässt ahnen, dass wir in unserer Entwicklung vor einem Paradigmenwechsel stehen.

Es geht nicht mehr um Wachstum und Arbeitsplatz – das auch, sondern um grundlegende neue gesellschaftliche Einsichten, ggf. mit einer theologisch/philosophischen Tiefe
„Wozu bin ich Mensch da?
Woraufhin will ich mein Tun richten?“

Martin Diewald von der Universität Duisburg/Essen ist da konsequent - zunächst:
„Das Modell des an einem einzigen Lebensberuf und Betrieb orientierten und in eine Hierarchie von Weisungsbefugnissen, Karriereleitern und Senioritätsregeln eingebundenen Arbeitnehmers mit geregelter Arbeitszeit scheint obsolet zu sein.“
Wenn dem so ist, gibt es in der Schlussfolgerung nur eine Erkenntnis. Diewald beschreibt es so:
„Je nach schwankendem Bedarf in den Unternehmen werden Leute eingestellt und entlassen. Die Arbeitnehmer müssen versuchen, durch ständige Selbstvermarktung und Kompetenzentwicklung die damit verbundenen Risiken in eigener Regie zu minimieren.“
Diese Erkenntnis macht Diewald Angst. Vorsichtshalber führt er noch eine Alternative ein:
„Oder Betriebe nehmen eine sorgfältige Personalauswahl vor, bei der allgemeine Kompetenzen wie Flexibilität, Kommunikations- und Teamfähigkeit sowie Einsatzbereitschaft eine wichtige Rolle spielen“.
Nun, es gibt in der Unternehmenswirklichkeit keinen Personalmanager, der eine solche Forderung als noch nicht umgesetzt bezeichnen würde. Landauf, landab wird’s praktiziert.

Also zurück zu Diewalds Erstfeststellung, die dem Tenor dieses Buches entspricht und auch die Hartzsche Kommission ausserordentlich bewegt hat. Mit dem Hartzschen Konzept wurde die ICH AG propagiert, aber bisher recht unterschiedlich in den Bundesländern angenommen.

In einer differenzierten Recherche fährt Wolf Lotter vom Wirtschaftsmagazin brandeins noch im Mai 2003 mit dem Regierungsvorhaben Schlitten.

„Die grossspurig angekündigte Revolution der Hartz-Reform wird zum Milliardengrab. Statt Selbstständigkeit zu fördern, werden Gründungswillige gegängelt und ausgetrickst wie nie zuvor. Statt auf eine Reparatur setzt die Regierung auf ein Feuerwerk neuer Gesetze – die meisten davon sind handwerklicher Pfusch erster Güte."

Das Leitbild ICH AG ist verblasst, kaum dass es geboren worden ist.

„Kann beerdigt werden," meinte einer meiner Interviewpartner aus dem Unternehmerkreis.

Doch da ist noch nicht aller Tage Abend. Über die Dynamik des Faktischen, wenn die ICH AG nun mal gestartet ist, wird noch zu sprechen sein.

Sinnstiftung vermisst Torsten Casimir in seinem Nachruf „Wie verhext" auf eben diese und findet im Mai 2003 in der Rheinischen Post zu der Frage:

„Aber für welche Ziele soll der Schweiss heute fliessen? Es gibt nichts mehr aufzubauen, weder für Kollektive noch für einen Einzelnen".

Seine Losung ist „Umbau".

Aber ist Umbau nicht immer eine Art von Aufbau?

Aufbau der Einzelnen im Kollektiv, das gab's immer wieder in den vergangenen Generationen, nicht nur bei der Eroberung des Wilden Westens unter Siedlern. Auch in Deutschland unter denen, die in einer Siedlung ihren Wohnwunsch mit einem Eigenheim realisierten.

Casimir stellt eine „bange Frage":

„Wann zerbricht mit den sozialen Sicherungssystemen auch die Massenloyalität zum Staat?"

Die Frage mag unbeantwortet ihren Wert haben, aktuell und zugespitzt ist viel eher damit zu rechnen, dass die Loyalität der Mitarbeiter in Massen gegenüber dem Unternehmensmanagement zerbricht. Früher hätte man von einem sozialistischen Aufbruch der Massen gesprochen, mit Anleihen an Karl Marx, Ortega y Gasset und anderen. Doch heute – bei den aufgeklärten Individuen, die sich ihres Verstandes und ihres Gefühls bedienen, da will diese Katalogisierung nicht recht passen.

Das beinhaltet Chancen:
Die ICHs und ihre Bereitschaft für Partnerschaft in neuen Bündnissen und Allianzen, gepaart mit ökonomischem Verständnis, regen nicht nur zu Phantasien, da auch, besonders aber zum Tun an.

Erstaunt hat mich dann doch, dass bundesweit im ersten Halbjahr 2003 über 34.000 neue ICH AGs entstanden sind - und der Anstieg geht kräftig weiter, wo selbst die Bundesregierung nur mit 20.000 für das ganze Jahr 2003 gerechnet hat.

<u>Verantwortung - für das Unternehmen</u>

Zunächst – na, Sie wissen schon – eine Provokation, hier das Statement eines Wirtschaftswissenschaftlers:

„Hallo Karl,
wenn Du mich fragen würdest, was die Krise in Deutschland verursacht, so sind das die Gewerkschaftspolitik, die inzwischen mangelnde Leistungsbereitschaft der Deutschen und nicht zuletzt das inkompetente Management in Deutschland.

Mit entsprechenden Leistungsanreizen (Gewinnbeteiligung, Partizipation) hätte sich die deutsche Krankheit nie soweit entwickelt, aber
um so etwas zu erkennen,
sind die deutschen Manager einfach zu doof.
Lieber schaufeln sie sich die Taschen voll und beklagen sich über die Lohnanansprüche der Arbeitnehmer (worüber man reden könnte
aber da muss man mit gutem Beispiel voran gehen,
führen heisst vormachen).
Ein wesentliches Problem ist die schlechte Kontrolle
des Führungspersonals und die auch für diesen Kreis
unterentwickelten Anreizsysteme.
Ohne dass Du das persönlich nehmen solltest, mir ist im Kreise der Wissenschaftler noch niemand begegnet, der etwas von Unternehmensberatern hält. Die erzählen das, was jeder weiss, aber mit bunten Power Point Präsentationen. Das Wesentliche haben die nicht erkannt, nämlich dass ein sich selbststeuerndes Belohnungs- und Bestrafungsregelwerk die Anreize setzen sollte,
oder simpler, das nehmen etwas mit geben zu tun hat.
Beste Grüsse Kornelius“

Unternehmensmanagement ist mehr als Personalarbeit und moderne Personalarbeit ist mehr als ‚Hire and Fire‘. Doch steht die Personalarbeit immer wieder im Blickpunkt der Unternehmensrentabilität. Wenn der Kostendruck die Personalarbeit dominiert, geht das stets zu Lasten des Unternehmenserfolges.
Alle aktuellen Untersuchungen belegen:
Die Mehrzahl der Unternehmen sieht derzeit in der Kostenreduktion die wichtigste Aufgabe ihres Personalbereichs. Damit steht nicht mehr wie in vergangenen Jahren die Rekrutierung von Mitarbeitern im Vordergrund. Doch, es gibt Gegensteuerungen, wie ein Unternehmensbeispiel mit der Einstellung von Auszubildenden zeigt.
Derzeit wird es ja strafandrohend von staatswegen gefordert!

Nein, im niederrheinischen Viersen ist es anders, wie Norbert Scholz und Rüdiger Höwische von der ATR Industrieelektronik auch kürzlich gegenüber der Presse verkündeten:
„Wir stellen gezielt Lehrlinge ein."
Das heisst, eine Abkehr von der gewohnt traditionellen Betrachtung des Quantitativen, die gerade auch der erwähnten Einstellungsaufforderung der Bundesregierung noch innewohnt!
„Das Ziel bei der Einstellung ist, die Lehrlinge genau auf die Stellen vorzubereiten, wo demnächst eine Nachfolgelösung nötig ist, weil eben der bisherige Stelleninhaber in Pension geht."

Während die Steigerung der Mitarbeiterproduktivität nur bedingte Zuwächse erwarten lässt, sie ist halt weitgehend ausgereizt, übt sich das Unternehmensmanagement in Planspielen, um den wirtschaftlichen Rahmenbedingungen in geeigneter Weise zu begegnen – oder ihnen zu entgehen.
Letzteres hat in dem Infineon-Chef Ulrich Schumacher den meist zitierten Befürworter. Sarkastisch zuweilen wird sein Tun denn kommentiert:
„Schumacher erachtet es als seine Pflicht, sein Unternehmen so über die Welt zu verteilen, dass es möglichst wenig Steuern zahlt, aber möglichst viele Subventionen bekommt", wie ein Journalist es auf einer Unternehmertagung in diesem Frühjahr formulierte.
Schumacher wird dagegen eher von dem Schaffen einer Ressourcenmobilität sprechen. Ex-Wirtschaftsminister Schwanhold macht für die „unerlässliche Handlungsoption" eine Einschränkung:
„Deutschland ist nach wie vor ein guter Standort, an dem zu investieren es sich lohnt, und der viele Chancen bietet. Für manchen ist China zu weit, aber die Märkte in Mittelosteuropa wachsen, und die liegen vor der Haustür. Es gibt immer noch Unternehmer und Mitarbeiter, die meinen, die Niederlande seien wirtschaftlich Ausland. Hier muss mit falschen Denkmustern aufgeräumt werden."

Auf jeden Fall - die Firmentätigkeit wird global organisiert, um die Kombination von mobilen und immobilen Faktoren in der jeweils gewählten Region zu optimieren.
Alleiniger Massstab ist die Unternehmensrentabilität, den Shareholdern ihren Share value zu erhalten und zu steigern.
Wenn man dabei an die Arbeitenden und Arbeitsuchenden in Deutschland denkt, klingt das nicht verheissungsvoll.
Ist es auch nicht!

Die gesetzten Fakten machen uns drastisch klar, dass Globalisierung nun keine Zukunftserwartung mehr ist. Wir sind mitten drin. Wenn wir – aus welchen guten Gründen auch immer – den Job nicht machen, macht's irgendwer auf der Welt.

Unternehmen aller Art sind global tätig.
„Denken wir an die kleinen „so genannten virtuellen Unternehmen, die aus dem disponierendem Unternehmer, seinem ans Internet angeschlossenen Computer und vielen wechselnden Zulieferanten bestehen", wie Dr. Karl-Heinz Groß, im Bundesministerium für Wirtschaft und Arbeit für Existenzgründungsförderung verantwortlich, den Einfluss der Globalisierung in diesem Sommer beschreibt.

Das bedeutet, in den Vordergrund sind für das Management die Organisationsveränderungen gerückt. Besonders die Verlagerung von Unternehmensteilen ins Ausland erscheint attraktiv. Das traf bisher schon für die Fertigungsstätten mit besonders hoher Lohnintensität zu. Inzwischen werden auch Entwicklungs- und Verwaltungsabteilungen auf den Prüfstand gestellt.
Der Deutsche Industrie- und Handelskammertag DIHK spricht demzufolge von einer neuen Qualität und betont, dass sich auch die Beweggründe geändert hätten. Eindeutig werden jetzt die misslichen

deutschen Rahmenbedingungen verantwortlich gemacht und besonders über Steuern und Abgaben geklagt.
In den Original-Interviewaussagen der Unternehmensmanager - Kapitel 10, werden Sie lesen, dass jene solcherart Verantwortungszuordnungen nicht wirklich meinen; andere Prioritäten bestimmen das betriebliche Geschehen.

Wenn nun das Unternehmensmanagement entscheidet, den Betrieb in die Ferne zu verlegen, dann – im Grunde automatisch – sitzt der Grossteil der Mitarbeiter auf der Strasse.

In den Entscheidungsvorbereitungen steht – und zwar in ansteigendem Maße – eine Alternative im Raum:
Das Outsourcing!
„Wir haben uns davon leiten lassen, dass nicht ‚Arbeitsplatzvernichtung' sondern ‚Transfer' im Vordergrund steht. Outsourcing spielte also eine grosse Rolle." Maria Schönauer, deutschlandweit für Human Resources bei XEROX zuständig, erklärt denn auch, dass die XEROX family weiterbesteht, denn alle Outgesourcten bleiben Familienmitglieder.

An dieser Stelle folgt kein erklärender Einschub. Einen deprimierenden oder köstlichen Beitrag – je nach Standort und Laune – lesen Sie in Kapitel 11.
Die Alternative hat sich herumgesprochen, an der Ausführung jedoch hapert es noch. So leicht eingängig scheint es nicht zu sein, sich auf heimischen Boden schlank zu machen, wenn's in einem fremden Land so kostenarm zu investieren geht. Doch es gibt Meinungsmacher für Outsourcing.
Nicht nur die Rotstiftstrategen!
Es soll ja Unternehmer geben, die sich scheuen, sich in einem fremden Land niederzulassen.

Und da sind andere, die einen Marketingvorteil darin sehen, eben dann, wenn im Binnenland den Leuten die heimischen Produkte angedient werden.
Und damit dies alles zum Laufen kommt, kommt das Pflänzchen Outsourcing zum Wachsen.

In dieser unserer Zeit geht es den Unternehmen um die Erhaltung der Marktsubstanz. Wachstum hat man sich abgeschminckt. So wird das Kostendrücken als interne Innovation verstanden und als solche propagiert – nach innen und aussen. Die Spar-Methoden des Baugewerbes stehen dabei Pate. Nicht immer so spektakulär wie beim Bau der Queen Mary II, des neuen grössten Passagierdampfers der Welt: Sub- und Sub-Sub-Unternehmer übernahmen da praktisch alle Arbeiten, die nicht unmittelbar mit dem Bau des Rumpfes zu tun hatten. Fast 800 Firmen waren beteiligt, viele davon mit Mitarbeitern aus Osteuropa und Indien – dort im französischen Saint Nazaire.

Nach aussen werden Kostenumschichtungen in ein Outsourcing denn auch als Kundenmanagement verkauft. Im Grunde war es immer schon die veröffentlichte Leitlinie bei Kosteneinsparungen, vom nicht mitspielenden Kunden zu sprechen, vom Markt, der im Moment nicht mehr hergibt.
Als hätte sich kein Mensch zuvor Gedanken gemacht, was zu tun ist, wenn die Kuh nach dem letzten Melken in den Altenstall umzieht.
Es gibt einen Dienstleistungssektor, in der Outsourcing seit langem an der Tagesordnung ist.

Die Versicherungsunternehmen sind gut mit der Entscheidung gefahren, die Beherrschung des Kundenmanagements in die Hände des Vertriebspartners vor Ort zu legen. Mit der in der Zentrale verbleibenden Sicherung der Produktqualität konnten die Versicherer ihre Tätigkeiten substantituieren. Dieses Outsourcing hat sich aus der

Sicht des Kunden als passgenauer Versicherungsservice herausgestellt.
Gar kein Wunder, dass allen voran die Versicherer darüber nachdenken, Outsourcing auf weitere Geschäftsfelder auszurichten.
Banken ähnlich.
Stabs- und Marktfolgebereiche werden überregional zusammengeführt. Nicht nur Rechenzentren und IT-Abteilungen oder Back Offices im Vertrieb, auch Bereiche für Human Ressources.
Der in den Unternehmen herrschende Tenor ist:
Alles, was möglich ist, soll künftig ausgegliedert werden.
Wohin das führen mag?
Nun, der Phantasie sind keine Grenzen gesetzt!

Übringens – laut sprechen die Versicherer nicht darüber:
Ein Versicherer:
„Ich habe Ihr Anliegen wie zugesagt im Haus diskutiert: In unserer Branche haben sich in jüngster Zeit viele Rahmenbedingungen zu unseren Ungunsten verändert; vor diesem Hintergrund wollen wir unsere Mitarbeiter nicht zusätzlich durch die Diskussion von Personalthemen aus dem Blickwinkel ‚Hire & Fire' verunsichern."
Ein anderer Versicherer:
„Leider müssen wir Ihnen mitteilen, dass wir Ihrem Interviewwunsch aus thematischen Gründen nicht entsprechen können."

Für einen Energieleister ist das ‚Fire' vom ‚Hire&Fire' auch kein Thema für ein Interview, weil vor lauter ‚Hire' kein Gedanke an ‚Fire' ist.
„Wir haben heute 15 Prozent Mitarbeiter mehr als vor einem Jahr. Und wir werden die Arbeitszeit verlängern gegen 4 Prozent Aufschlag auf den Lohn. Sie sehen, das ist atypisch – wie unsere ganze Firmenentwicklung", so Thomas Kemper als Leiter der Unternehmenskommunikation von Harpen AG.

Im Konzern schaut man weiter frohen Mutes in die Ferne.

Wieder angeknüpft an die grenzenlose Phantasie:
Die Zukunft der Organisation wird eine Geschäftstätigkeit mit fliessenden und variierenden Grenzen sein.
Eine leicht gesagte Prophezeiung, denn Globalisierungsgesichtspunkte werden – wie in Kapitel 4 reflektiert - zunehmend die Entscheidungen in den Unternehmen – in den grossen wie in den kleinen – bestimmen. So macht auch Norbert Scholz vom mittelständischen Unternehmen ATR in niederrheinischen Viersen deutlich:
„Die Marktöffnung ist eine Chance. Doch so viele Unternehmen stellen sich der neuen Situation noch nicht. Den Unternehmern, die noch Angst vor der Globalisierung haben, weil ihnen z.B. in China Know how gestohlen wird, denen sag' ich immer: Heute ist doch jeder Informationsaustausch ein Verkaufsgespräch - überall."

Daniel Hofmann, der Chefökonom der Zürich-Versicherung, traut sich dieser Tage zu einer Aussage:
„Die globalen Versicherer werden nach und nach alles in Billiglohnländer verlagern, alles, was nicht Sache des kreativen Managements ist."

Das heisst nichts anderes als:
Wir haben uns darauf einzustellen, dass die betrieblichen Tätigkeiten bei gegebenen grenzenlosen Möglichkeiten stattfinden!
Natürlich auch bei grenzenlosem Wettbewerb!
Der Arbeitsmarkt ist in die Grenzenlosigkeit künftig voll integriert.
Klingt irgendwie positiv, kann aber zum Gegenteil werden!

Sun Pei, bisher Studentin an der Peking University und jetzt an der Universität Duisburg/Essen, auf die Frage:

„Warum ist ein Arbeitsplatz überall in der Welt für Sie interessant?“
Sun Pei: „Am wichtigsten ist für mich: Ich mache, was ich will. Wo, ist nicht so wichtig für mich.“

„Was halten Sie von der Konkurrenz der Europäer oder Deutschen um einen Arbeitsplatz?“
Sun Pei: „Sie sagen hier: Konkurrenz hebt das Geschäft. Ja, das ist meine Meinung. Und – wenn man nur Angst hat, das hilft nicht. Was hilft, ist, dagegen etwas zu tun!“

Noch machen sich die deutschen Arbeitsuchenden kein Bild von der Konkurrenz. In der gegenwärtigen Leidenszeit würden sie auch wie das Kaninchen vor der Schlange erstarren, beim Gedanken an Konkurrenten aus China.
Und das schon bei qualitativer Betrachtung!
An die Quantität aus China darf man gar nicht denken! Es würde auch - nicht themengemäss – zu sehr an die früher uns von den Grosseltern eingefärbte ‚gelbe Gefahr‘ erinnern.

Noch einmal Sun Pei:
„Es ist so viel anders hier in Deutschland. Sie arbeiten nicht am Wochenende, haben so viel Ferien, man kann nicht jederzeit ein Geschäft eröffnen, man muss abends die Läden schliessen, auch am Sonntag. Wir in China tun was wir wollen.
Was mir dabei am wichtigsten ist, möchte ich so sagen:
Nicht der andere, Ich selbst!“

So klare – die deutsche Arbeitskonkurrenz bedrohende - Feststellungen erfordern ein Nachhaken.
Sun Pei betont denn auch, dass ihr ‚Ich selbst‘ am Anfang steht, „aber da muss es sein“, und sich dann daraus die Kommunikation mit den anderen ergibt.

Eine Reihenfolge, die ihr nicht beliebig ist!

Heribert Meffert von der Universität Münster forderte als der Praxis zugeneigte Marketingwissenschaftler schon 1998, die >grenzenlose Unternehmung< als Erfahrungsobjekt zu erfassen. Mit Stichwörtern skizzierte er in seinen ‚Herausforderungen an die Betriebswirtschaftslehre' die Situation:
„Auflösung der Unternehmensgrenzen in Symbiosen und Netzwerken, Überwindung von Standort- und Länder- sowie Produkt- und Branchengrenzen".
Um diese veränderten Strukturen operational gestalten zu können, wirbt Meffert für ein qualifiziertes Humankapital, dem ‚zentralen Erfolgsfaktor unternehmerischen Handelns'.
Das ruft nach adäquaten Typen, die in der Lage sind, ein Unternehmen mit fliessenden und variierenden Grenzen zu führen.
Spitzenqualität ist gefordert, an der Spitze!
Nur so können die komplexen Verhalte in komplexen Organisationen bzw. Verbünden von organisatorischen Einheiten gemeistert werden.

Die Voraussetzungen dafür müssen in der Schule und Hochschule schon geschaffen werden. Noch einmal Groß vom Bundeswirtschaftsministerium, dem BMWA:
„Für Schule und Hochschule bedeutet das, dass die Eigenschaften wie Selbständigkeit, Eigeninitiative, Leistungsbereitschaft und Verantwortungsbewusstsein gefördert werden müssen."
Grundsätzliches für alle Beschäftigten „Gewinner ist der, der sich unternehmerisch verhält" fügt er hinzu.
„Dazu muss der Gewinner mobil sein und bereit zum lebenslangen Lernen. Das Schwierigste ist schliesslich die Fähigkeit, mit einem hohen Mass an Unsicherheit umzugehen und zu leben."
Dr. Groß überträgt die Zielperson seiner eigenen Arbeit, den Existenzgründer, auf den Arbeitenden schlechthin.

Ist zwar parteiisch – trifft aber dennoch!

Wenn das Wort ‚Kommunikation' in diesem Kontext auch nicht fällt, so ist es gerade gefordert. In Kapitel 4 forderte ich, dass es an der Zeit ist, ‚Kommunikation' aus ihrem Schattendasein der Unterordnung in den Unternehmens- und Marketingpolitiken bzw. der technische Etikette herauszuholen.

Verbleibt ‚Kommunikation' als Sichtweise einer untergeordneten Marketingpolitik oder lediglich Presseaktivität oder sogar nur einer technischen Dienstleistung kann in keiner Weise angemessen agiert und reagiert werden.
Wie sollten auch Unternehmensmanagement und Mitarbeiter Situationen mit Verständnis für die je andere Seite erfassen können.
Vor allen Dingen ist dann nicht damit zu rechnen, wenn zuvor noch gerade Unternehmenskultur mit ihren Stimulatoren für Koordination, Integration, Identifikation und Motivation zum Schweissen der Einheit propagiert wurde.
Mitarbeiter fühlen sich – wo das Unternehmensmanagement doch nur das beste gewollt hat, „verarscht". Übereinstimmend bringen's alle mit diesem Wort zum Ausdruck. Verstanden werden alle Veränderungsabsichten sowieso als drohendes Outplacement.
Eindeutig!
Auf jeden Fall, solange Absichten und Vorschläge als Flurfunk die Runde machen.
Lähmung im Getriebe/Betriebe ist die Folge – auf der einen Seite. Auf der anderen Seite – das Bossing-Mobbing.
Friedrich-Wilhelm Rennen - Sie erfuhren von ihm die Ferrostaal-Philosophie – könnte auch hier einen Ausweg plazieren, wieder mit Rückgriff auf die Tradition der Goldenen Regel bei Kant, Volksmund, Bibel:
„Man müsste überlegen, wie würde ich mich selber verhalten."

Verantwortung - für Wirtschaft und Gesellschaft

Zunächst wieder die Provokation, hier die Anleihe an das, was ein mittelständischer Unternehmer - eine nicht genannt werden wollende PR-Kompetenz aus Düsseldorf (der Rückzieher kam bei Einsicht in die schriftlich gefassten Interviewaussagen) - von den Verweisen auf die Rahmenbedingungen hält:

„Zu Pochen auf die Rahmenbedingungen ist nur Theater.
Ein Unternehmer ist stets bemüht sich eine gute
Verhandlungsposition zu verschaffen.
Nichts anderes als Bazardenken.
Und wenn sie mir allzu restriktiv erscheinen,
versuch' ich nicht an sie zu denken."

Es mutet wie eine zweite Provokation an, wenn Ernst Schwanhold und Prof. Meinhard Miegel zu sehr verwandten Statements über Politik und Wirtschaft finden, natürlich in separat geführten Interviews:
Schwanhold: „In Deutschland gibt es zu wenig Austausch zwischen Politik und Wirtschaft. Politik weiss in aller Regel nicht wie Wirtschaft funktioniert. Wirtschaft hat nur den Hauch einer Ahnung wie Politik funktioniert."
Miegel: „Unternehmer haben kaum Ahnung von ihrem politischen Umfeld und gesellschaftlichen Veränderungen. Das Problem der Politik ist, dass sie nicht wirklich Einfluss zu nehmen sucht, sondern nur wiedergibt, was andere denken. Die Politiker befinden sich in den Fesseln der Mehrheiten. Sie selbst verfolgen nur vage Orientierungspunkte."

Noch einmal zu Angst um den Arbeitsplatz, diesmal im Vergleich zu einem Arbeitsplatzangebot:
„In deutschen Unternehmen leidet mehr als jeder zweite Arbeitnehmer unter Angst am Arbeitsplatz (genau: 60,6 Prozent) ... besonders die Furcht vor dem Verlust des Arbeitsplatzes.“ So lesen wir an einem Tag im Mai dieses Jahres auf der Website von ‚Junge Karriere‘, dem Job- und Wirtschaftsmagazin des Handelsblattes (im Vorwort lasen Sie sogar 75 Prozent, da war es ein Befragungsergebnis der Nürnberger GfK).
Diese Information noch im Kopfe, geht der KarriereNewsletter des gleichen Magazins per eMail ein, also am gleichen Tag.
Jetzt berichtet ‚Junge Karriere‘ über eine Befragung unter Unternehmen,
„Mehr als 400.000 Betriebe beabsichtigen derzeit, ihren Personalbestand aufzustocken. Neben Ingenieuren werden IT-Experten und Ökonomen mit Erfahrung für Entwicklung, Einkauf, Controlling und Fertigungstechnik gesucht.“

Diese beiden am gleichen Tag vom selben Magazin beim Leser eingehenden Informationen kommen einfach so daher - ohne jede Korrespondenzbetrachtung des einen mit dem anderen!
Ich bin mir fast sicher, dass diese Informationen beim Handelsblatt nicht im Zusammenhang gesichtet wurden. Der Aufnahmekompetenz der Leserschaft bleibt’s überlassen.

So je singulär vermittelt nimmt die Wucht der Bedrohung chaotische Ausmasse an. Drehten sich die Angstgedanken des Arbeitnehmers bisher um den Verlust der Arbeit aus Rationalisierungsgründen, muss er nun befürchten, dass solcherart Begründungen vorgeschoben sind. Für ihn wird offenbar eine neue Arbeitskraft gesucht.
Und das drückt schwerer als bisher:

„Wer soll denn da besser sein als ich? Da will man mich abschiessen, um einen Schwachkopf zum halben Preis einzustellen!"
Anderes, ähnliches mag in seinem Kopf vorgehen.
Aber machen wir uns nichts vor. Diesen - durch die beiden Mitteilungen desselben Magazins suggerierten - Kontext gibt es nicht.
Höchstens als Randerscheinung!
Da sind an wahrhaften Realitäten - heute:

- Ausgliederungsabsichten
- Betriebsverlagerungen
- lediglich marginale Einstellungen
- angekündigte Entlassungen in grosser Anzahl
- bereits ein Riesenheer von Arbeitslosen

So richtig wirklich werden die Zustände nicht thematisiert, noch nicht mal von der Bundesregierung – so der Bundesminister für Wirtschaft und Arbeit mit einem Sommerstatement im Fernsehen.
„Wir befinden uns nicht in einer Krise".
Das scheint dem Sprecher des Statistischen Bundesamtes doch zuzusetzen. Tags darauf widerspricht er im Radio unter Verweis auf seine Zahlen:
„Deutschland befindet sich in einer Rezession."

Wie vom Minister hört man von der Presse auch nichts Genaues.
Eindeutig bekommen die Medien von den von mir interviewten Unternehmensmanagern ihr Fett weg, auf meine diesbezügliche Frage.
Die nüchterne Bestandsaufnahme vermisst auch Meinhard Miegel:
„Man kann Angst erzeugen oder alles zukleistern. Die Medien emotionalisieren in die eine oder die andere Richtung. Angst hat man vor Dingen, die man nicht kennt. Bei uns ist in den Medien die Balance nicht ausreichend gefunden. Wenn - wie bei uns - die Leute in der

Politik oder anderswo herumdilettieren, haben es Schwarzmaler auch leicht."
Jetzt im Herbst machen sich die ersten Medien auf, um aus der Kurve heraus zu kommen, wie die Düsseldorfer Rheinische Post mit einer Serie aus der Krise in die Zukunft ‚Auf geht's Deutschland'.
Des Jammerns ist ja nun auch wirklich genüge getan!
„Und geheilt hat dieses Krankjammern noch keinen Patienten," meint Maria Schönauer – Sie hörten eben bereits von ihr, unter Hinweis auf die XEROX family. Sie gibt zu bedenken:
„Zuallererst gilt es nüchtern zu fragen: Ist es nicht eine Denkblockade? Erlegen wir uns den Rahmen nicht selbst auf?"
Die Notwendigkeit, den Blick für die eigene Situation zu schärfen, weist schon auf unsere Leitthemen hin – darüber später in Kapitel 6.

In meinen Interviews zum Thema - Kapitel 10 - wurde von so manchem meiner Gesprächspartnern angemerkt, dass in Deutschland die Stimmungslage die Wirklichkeit überlappt.
„Die Stimmung bei uns ist schlechter als die tatsächliche Entwicklung", so Rainer Bischoff vom DGB. Das Münchner Ifo-Institut hält mit dem aktuellen Geschäftsklimaindex dagegen: Die Stimmung ist besser als die Lage. In den Medien konnte man bis zum Herbst exakt Entgegengesetztes lesen. Und Begründungen gab es zuhauf, in die eine oder in die andere Richtung.

Beim Zeitungslesen meint man in der Tat die Parteilichkeit herauszulesen, zu Parteien, zu Arbeitgebern, zu Arbeitnehmern. Ein Beispiel: Antje Höning zieht im August 2003 unter dem Titel ‚Schiffbruch mit Hartz' in der Rheinischen Post die 12-Monats-Bilanz (mit Stichtag der Tag der Verkündigung des Hartz-Programms), obwohl das Hartz-Konzept auf 2006 ausgerichtet ist und die Elemente darin wie Personal-Service-Agenturen, Job-Floater, ICH AG, Minijob erst seit ein

paar Monaten oder sogar erst seit einigen Wochen und längst nicht alle in der Umsetzung sind.
Na klar – sucht man auch in dieser regierungsoppositionellen Berichterstattung vergeblich Mutmacher. Als wenn es keine freie Presse* gäbe, die auch Impulse für Aufschwung beim Namen nennen darf!
* Ich weiss, es gibt sie in Chemnitz als Tageszeitung.
Wie wir lasen, gibt sich gerade die vorgenannte Presse inzwischen einen Ruck.

Ein Politikverständiger klärte mich auf:
„Es braucht immer seinen Druck auf den Kessel. Nehmen Sie zum Beispiel das Einwanderungsgesetz. Das kommt ganz sicher, aber erst nach der Bayernwahl."
‚Alles hat seine Zeit', fällt mir dazu ein, und - so war es halt immer schon, denn den Zeitfaktor hat bereits der Prediger im Alten Testament vor dreitausend Jahren mit diesen vier Worten auf den Punkt gebracht.

In den Niederlanden, unserem in Wirtschaftsdingen seit ein paar Jahren gern zitierten Nachbarland, war die Realität kürzlich in De Volkskrant zu lesen, bezeichnenderweise unter der Rubrik ‚Reflexion':
„Vorbei sind die goldenen Jahre. Seit dieser Woche glauben wir offiziell an eine Rezession und die Arbeitslosigkeit steigt stark."
Politiker unseres Landes verweisen noch immer auf die Niederlande. Sie sprechen von dem beispielhaften Aufschwung dort, von der sehr hohen Beschäftigungsquote.
Es war einmal ... in Holland!
Doch die Holländer sind, nach dem Aufschwung, auch im Erkennen - oder soll man sagen im Aussprechen des Erkannten - der neuen Re-

alität uns wieder voraus. Damit auch in dem Erkennen der Wege aus der Krise.
Bestimmt, wenn ich die Freude über die folgende Erkenntnis pars pro toto nehme.

Nur uns Deutsche kann der Titel des vorbezeichneten Artikels in der führenden niederländischen Tageszeitung überraschen, sicher auch schocken:
„Hurra, ich bin gefeuert!"
Sie können ihn unter Kapitel 11 in Gänze lesen, in Deutsch.

Wirtschaftsentwicklung ist schon längst ein Element, zu dem Politiker, Wissenschaftler und Unternehmen eine spannungsgeladene Beziehung entwickelt haben. Wir hörten soeben noch den Bundeswirtschaftsminister!
Den Spannungsgehalt führen Hermann Strasser und Gerd Nollmann von der Universität Duisburg/Essen stringent auf die für sie entscheidende Frage, „ob das Spannungsverhältnis von ICHs und Gesellschaft eine neue Qualität angenommen hat". Beide wagen als Soziologen den Blick von oben:
„Blickte man von oben auf das muntere Treiben auf unserem Planeten Erde, ..." und haben etwas gegen die Mündigkeit des Bürgers und gegen Differenziertheit (ist auch schwer für Von-oben-Betrachter):

„Die individualisierten ICHs scheinen, wie die Lemminge, mit entschlossenem, schnellen Schritt auf einen Abgrund zuzuschreiten und versichern dabei, dass sie es aus eigenem Willen tun."

Genauso könnte man im Umkehrschluss formulieren:
„Wir sind ein Volk – es wird schon werden, und trällernd fallen wir uns in die Arme!"

Verkappter Defätismus!
Ja, wo stehen wir dann?
Doch nicht anders als die Gewerkschaften heute, zugegeben nicht alle. Davon ist auch Klaus Brandner MdB von der IG Metall in Gütersloh überzeugt:
„Wir sind in der Situation der Veränderung. Was bei IG Metall passiert, ist nur die Spitze des Eisbergs. Noch wirken leider die Gewerkschaften in der öffentliche Debatte als Blockierer. Was sie nicht sind, anders als damals bei Margret Thatcher die Bergbaugewerkschaft!"

Nun, ich bin eher fürs Wachmachen, jetzt, da ich selbst endlich aufgeweckt worden bin. Ich habe genug Restrukturierungsmassnahmen in den Unternehmen erfahren, den Aufschrei bei der Trennung von den Lieben und den lieben Gewohnheiten vernommen. Magendrücken verschafft es allen, den Aufräumern, den Betroffenen, auch den Nicht-Betroffenen.
„Wir sind noch einmal davongekommen!"
Der Bestseller von Thorton Wilder ist nicht totzukriegen.

Wir hörten schon:
Alles, was möglich ist, soll künftig ausgegliedert werden.
Outplacement ist überall!
Vom Schlankmachen vergangener Zeiten spricht kein Mensch mehr, geht es doch allzu vielen ums Überleben selbst.

Und dann erst die Nachrichten aus Nürnberg, der Hauptabteilung der Arbeitsämter des Landes: ein Schock für die Beschäftigten „Gehöre ich bald dazu?" und für die Unbeschäftigten „Wie soll ich bei dem Andrang einen Job kriegen?"
Lähmung ist die Folge, und das gilt für alle im Kreislauf von Unternehmen, Job und Jobsuche.

Wen wundert's - bei dem Wirtschaftsflachtum (!) und den bald 5 Millionen Arbeitslosen?
Und? Wo sind da die Lichtblicke?

Ergo: Paradigmenwechsel – ran!

„Paradigmenwechsel! Ja das ist es!
Das brauchen wir!"
Impulsiv entfuhr es dem mittelständischen Unternehmer Dr. Erwin Weßling von der Dr.Weßling-Gruppe im münsterländischen Altenberge mitten im Interview. Zu meinem Erstaunen kamen wir mit einem Satz zu dem Philosophen Karl Popper und seine ‚Suche nach einer besseren Welt'.
Nicht ich. Mein Gesprächspartner, der Doktor der Chemie!
Gut – wer Popper kennt, weiss, dass ‚alle Menschen Philosophen sind'.
Mitten in der Arbeitszeit kamen wir also von Popper über Russel zu Kant und bei Sloterdijk dann wieder ans Eingemachte des betrieblichen Geschehens. Und wieder einmal wurde mir bestätigt, dass der reflexive Rückgriff auf die Philosophie dem wirtschaftlichen Arbeiten wie Nahrung dienen kann.

Ja, die Zeiten haben sich geändert.
Wahrhaftig!
Wenn schon der ehemalige BDI-Präsident Dr. Hans-Olaf Henkel zur Aufmüpfigkeit aufruft!
„Der Hebel ist eine Änderung des Systems. Wir kommen mit allen Reformen nicht weiter. Also brauchen wir einen Reform-Konvent. Was dann die wichtigste Reform ist? Die Abschaffung des Tarifkartells!"
Dr. Michael Rogowski, der aktuelle Präsident des BDI sieht auch Änderungnotwendigkeiten, interessanterweise im Sinne von >Die Krise macht dich besser< und fokussiert auf die Gewerkschaften:

„Die Krise der Gewerkschaft kann helfen, das gesellschaftliche Wohlergehen wieder in den Mittelpunkt zu rücken, sie kann der Schlüssel sein für die Öffnung des starren Tarifrechtes."
Im Interview mit n-tv setzt Kai-Uwe Ricke von der Deutschen Telekom bei der Vorstellung der Halbjahreszahlen für 2003 nach und erklärt unter Verweis auf die fehlende Stabilität in der Konjunktur:
„Diese Rosskur tut uns ganz gut für die Ausrichtung der Deutschen Telekom." Was bedeutet:
Die Krise macht dich besser!
Da kann bereits der Daimler-Chrysler-Chef Jürgen Schrempp lächelnd zurückblicken, denn es ist gerade mal vier Jahre her, als der Smart wegen Absatzproblemen nach einem lange verzögerten Produktionsstart dem Tode näher war als dem Leben.
„Genau eine Chance!"
- so Schrempps Worte damals; damit wurde jeder Gedanke ans Einstampfen der Produktion beerdigt und Leben in den stupsnasigen Hüpfer eingehaucht. Für den Smart wird in diesem Jahr ein Umsatzplus von 20 Prozent erwartet.

Der bereits vorgestellte PR-Anonymus aus Düsseldorf hat als mittelständischer Unternehmer so seine Zweifel, ob die, die Krisenerfahrungen mitmachen sollen und müssen, diese Erfahrungen wirklich wollen. Er schreibt mir:
„wir wollen keine erfahrung mehr machen. ich meine, die gesellschaft will keine erfahrungen mehr machen. nur keine reformen, nur nix neues, quillt es aus dem volksmund."
Der Massstab scheint mir zu tief angesetzt, vielleicht auch deshalb, weil PR-Anonymus selbst täglich Neues will.
„mein motto heisst jeden tag neu, weil das leben so ist."

„Jeden Tag neu", dürfte ein nachhaltiges Element im Paradigmenwechsel darstellen; dann aber als Forderung an alle und als Möglich-

keit für jeden. Eben wie die Münchener Unternehmensgruppe MAN ihr Leitbild kennzeichnet und als ‚Treiber ihres Erfolgs‘ sieht:
„Engineering the future!“
Sie merken, das Motto von Baltasar Gracián y Morales – Sie lasen es *Zum Geleit* – ist trotz seines Alters zukunftsweisend.

Genau solche Erfahrungen macht seit zwei Jahren Claus Lerpscher, der Sprecher der Volksbank Düsseldorf-Neuss.
„Unsere Mitarbeiter haben die Haltung, die neuen Wege mitzugehen, egal an welcher Stelle.“ Henkel, Rogowski, Ricke, Schrempp sind da nur im Trend, was in Düsseldorf-Neuss schon intensiv praktiziert wird, gut, inzwischen ja auch bei Schrempp in Stuttgart. Lerpscher kann >Die Krise macht dich besser< bereits als betriebliche Erfahrung verbuchen.
„Wir hatten eine Mission, nämlich aus zwei Kranken einen Gesunden zu machen. Jetzt haben wir zwei Jahre praktischer Fusionsarbeit. Unser Restrukturierungserfolg ist wie eine Parallelverschiebung nach oben. Nichts ist stückchenweise.“

Für die neue Einstellung seiner Mitarbeiter nimmt er eine Anleihe am Bau:
„Sie kennen doch das Beispiel der drei Maurer?“ Ich verneine.
„Nun, drei Maurer werden bei ihrer Tätigkeit gefragt, was sie da machen. Jene antworten der Reihe nach.
1. Maurer: „Ich mauere, weil da eine Mauer stehen soll.“
2. Maurer: „Ich mauere, weil ich damit meinen Lebensunterhalt verdiene.“
3. Maurer: „Ich baue hier mit an der Kathedrale.“
Claus Lerpscher hat ein Faible für Maurer der dritten Kategorie.
Wer kann's ihm verdenken!

Die Welt, in der wir leben, wartet noch auf viele ‚Kathedralen', die unsere Leistungen abfordern. An ‚Kathedralen', die wir planen, bauen, beherrschen müssen, kommen mir eine ganze Reihe in den Sinn. Die darin steckenden Aufgaben sind noch nicht erfassbar, das heisst: Sie sind riesig.

Was auf uns an Neuem zukommt und welche Innovationen wir vorantreiben sollten/könnten:

→ Weltweites Informationsnetz
→ Rasante Technologieschübe
→ Globalisierung der Aktivitäten
→ Trend zur Individualisierung
→ Explosiver Anstieg der Existenzgründungen
→ Wagnis- und erfolgsorientiertes Unternehmertum
→ Aufstieg des Teenager-Unternehmertums
→ Steigender Marktwert der Senioren
→ Wachsende Marktmacht der Senioren
→ Wissens-Management im Sinne von Gewusst wo!
→ Kreativität im Schaffen neuer Handelsleistungen
→ Allianzenbildung in den Märkten
→ Unlimitiertes Kundenverlangen
→ Grenzenverschiebung bei Arbeit, Beruf, Freizeit
→ Werden der Kommunikationsgesellschaft
→ Differenzierung sozialer Kompetenzen
→ Wachsen der Kapitalmärkte
→ Investment als Entertainment – BgB > Bürger goes Börse

„Wichtig ist, dass wir alle unsere Situation in der Wirtschaft realistisch sehen, Wunschdenken und überholte nationale Stereotypen überwinden und mitarbeiten, neue Rollen in der Wirtschaftswelt mit ihren vielfältigen Aufgaben auszufüllen," – so richtungsweisend noch einmal Dr. Karl-Heinz Groß vom BMWA. Der im globalen Wettbewerb drohenden oder auch scheinbar drohenden Entsolidarisierung gilt es zu begegnen. So global Groß die Sache auch angeht, hier hilft sein Wunschdenken nicht weiter:

„Ausgeglichen werden könnte das durch eine Solidarität bei der Verwendung der Ergebnisse des unternehmerischen Tuns. Die einzelnen Globalisierungsgewinner sind hier gefordert, solidarisch mit den Verlierern zu handeln.“
Hier resigniert Groß denn auch:
„Sie werden das sicher nur leisten, wenn sie durch Religion und Ethik dazu motiviert werden.“
Wer verhandelt schon gern mit Verlierern, um mit ihnen zu teilen?
Von Unternehmern? Keiner!

Zu einer Neuorientierung hilft nur adäquat Radikales. Den Gegenüber als Mündigen, als Gleichwertigen anerkennen. Der Ihnen schon bekannten XEROX-Personalchefin Maria Schönauer sind eigenständige, selbstbewusste Mitarbeiter schon längst die liebsten – und sie hat eine ökonomische Erklärung parat:
„Sie sind einfach näher an den Prozessen zum Kunden dran.“
Partner unter sich!
In der Totalen und für die meisten ist das ein Paradigmenwechsel.
Mit Mut zu Einstellungsänderungen, in kreativem Tun haben wir uns mit den neuen Gegebenheiten auseinanderzusetzen, wenn nötig lernen wir uns dabei erneut kennen.
Auf die zweieinhalbtausend Jahre alte Forderung des Orakels zu Delphi ‚Erkenne dich selbst‘ werde ich noch mit einem sokratischen Dialogbeitrag eingehen.
Gehen wir also von der Wirklichkeit aus, in der wir leben.
Denn „die Realität, ob falsch ob wahr, sie ist einfach wie sie ist“ – so der Philosoph Karl Popper. Bei Bertolt Brecht wirkt das alles noch realistischer, weil er eben nicht nur wie ein Philosoph gedacht hat, sondern die Auseinandersetzungen hautnah spürte:
„Die Verhältnisse, die sind nun so!“

Er sprach's, als er sich entschlossen hatte, das, was er wirklich wollte – egal unter welchen Rahmenbedingungen (hier: das kommunistischen System der DDR) – zustande zu bringen.
Zu diesen Verhältnissen gilt es sich sensibel zu verhalten und sich zu ‚seinem' Thema >das, was man wirklich will< mit der Umwelt auseinanderzusetzen – wie Brecht vor 50 Jahren.
Eine Verfeinerung unserer Eigenschaften ohne Sensibilität für unsere Umgebung führt nur zu einer Verpuppung. Das erfolgreiche betriebliche Geschehen spielt sich anderswo ab, fern von uns scheinbar Top-Qualifizierten.

Change Management ist gefordert!
Gefordert sind die, die wollen und die sollen!
Jene, die gelernt haben zu managen und die, die es lernen wollen.
Nicht entscheidend ist, auf welcher Funktionsebene sie wirken, ob sie alt oder jung sind, schon gar nicht, ob sie als arbeitslos und stellensuchend registriert sind.
Noch hat sich nicht überall herumgesprochen, dass Arbeitslose Arbeitsuchende sind und nicht durch die Bank mängelbehaftet sein müssen.
Ich muss gestehen, es ist mehr ein on dit, das in Unternehmerkreisen seine Runden drehen mag; in meinen persönlichen Interviews fand kein Unternehmer zu solch einer Feststellung.

Arbeitslosigkeit, das ist etwas, was nicht meins ist.
Ein Feld weit weg von mir!
Dass die Arbeitslosigkeit mitten unter uns ist, wo auch immer wir uns befinden, das offenbarte dieser Tage die Redakteurin José Rozenbroek in dem Magazin ELLE:
„Ich war vorige Woche auf einer Party. Stellt euch vor, da war sogar eine Arbeitslose!" Die Überraschung ist nachvollziehbar. Allzu lang

war die Arbeitslosigkeit weit weg von den sogenannten gestandenen Professionals welcher Branchen auch immer.
Die drohende Wirtschaftskrise war im Grunde die Krise der Anderen.

Jetzt sind wir mittendrin in der Krise. Bis auf den Bundeswirtschaftsminister trauen wir uns auch darüber zu sprechen. Über das Keimen eines konjunkturellen Aufwärts in der nahen Zukunft gibt's nur Spekulationen. Doch Verhandeln tun wir noch wie weiland in rosigen Zeiten. Und im System der Öffentlichen Hand sind wir an die Tarife der rosigen Zeiten gebunden.

Ein Gespräch unter Männern:
„Deine Frau hat jetzt einen Teilzeitjob in der Kirche?"
„Ja, sie hatte ja nur hier und da jobben können, auch bei mir im Architekturbüro. Aber was die dort zahlen!
Kaum glaublich – in der heutigen Zeit."
„Sowenig oder so viel?"
„So viel natürlich."
„Das müssen wir nicht verstehen. Tarifsache!
In rosigen Zeiten vereinbart, die Zahlung kommt automatisch, und wenn die Welt untergeht."
Thematisch hätten hier nicht geschlechtsspezifische Gleichstellungsbeauftragte in einem soziologischen Exkurs weiterzuarbeiten, um aufzuhellen, wie ein Strick gebunden zu sein hat, an dem die Gesellschaft sich aus der Krise hocharbeitet.
Was aus einem Männergespräch so alles werden kann.

Für alle im Wirtschaftskreislauf gilt:
Wirkliches Wirtschaftswachstum - die Zukunft der Arbeit - wirft die Frage einer offensiven Einstellung zu einem Hire&Fire in Permanenz auf.

Es ist damit zu rechnen, dass sich die Verhaltensweisen von Unternehmen einerseits und von Mitarbeitern andererseits annähern werden. Wie Unternehmen kontinuierlich Aufträge akquirieren, so werden Mitarbeiter künftig nach Stellen Ausschau halten, intern und extern!
Denn entgehen dem Unternehmen ein oder mehrere Aufträge, muss der Mitarbeiter mit einer Freisetzung seiner Person rechnen. Zwangsweise – und zweckweise (!) – wird sein Blick für eine neue Beschäftigung geschärft, innerhalb und ausserhalb des jeweiligen Unternehmens.
Es darf bei ihm ein Schub an Flexibilität erwartet werden, und es liegt am Unternehmen, dieses produktive Moment für die eigenen Aufgabenlösungen zu nutzen.

Nicht nur betriebsintern sind diese Lichtblicke erkennbar, auch der Markt der temporär Arbeitssuchenden wird durch den vorbezeichneten Flexibilitätsschub an Profil und Substanz gewinnen. Unternehmen können darauf vertrauen, dass im Markt der Arbeitsuchenden Top-Leute immer wieder zur Verfügung stehen.
Und die günstige Auswirkung auf die Kostenstruktur in den Unternehmen versteht sich von selbst.

Solcherart Mitarbeiter - im Betrieb und temporär arbeitsuchend - verkörpern eine neue Qualität im Spannungsverhalten des Einzelnen und des Unternehmens.
Eine etwas andere Art von ICH AGs.
Und es ist eine Abkehr von der ach so wieder aktuellen Volksmeinung:
„Die da oben wollen, und wir hier unten sollen!“

Dieser Trend des Ökonomismus wird gern in Korrespondenz zum ICH-Trend gesetzt, um eine allzu bedürftige Welt darzustellen, in der

Gemeinwohl von betriebswirtschaftlichem Effizienzdenken erdrückt wird.
ICH-Trend heisst aber auch, lernen sich als Subjekt zu verstehen, besonders in schwachen Zeiten.
Der Mensch hat seinen Wert im Umgang mit anderen erfahren und nutzt die ihm offenstehenden Möglichkeiten von Erkenntnissen der Wissenschaft, der Technik und der Wirtschaft.
Individualisierung ist denn auch Befreiung von den Fesseln bisheriger Lebensweisen!

Das führt uns zu sechs Leitthemen, denen wir in der Folge besondere Beachtung schenken wollen – wenn Sie denn wollen.
In >*Fired* – Die Krise macht dich besser< finden wir zu folgenden Leitthemen:

- 1 Sich selbst erkennen
- 2 Mündigkeit verkörpern
- 3 Für Partnerschaft offen sein
- 4 Ausschau halten
- 5 Kommunikation führen
- 6 Networking praktizieren

KAPITEL 6
Die Leitthemen

Sergej Eisenstein – wie man sagt: der, der mit ‚Panzerkreuzer Potemkin' den besten Film aller Zeiten gemacht hat – hat einmal die Leitthemen zum Erfolg seiner Arbeit so umschrieben:

„Das wichtigste ist, eine Vision zu haben.
Das nächste ist, sie zu ergreifen und festzuhalten.
Dabei besteht kein Unterschied, ob man ein Filmdrehbuch schreibt, den Plan für eine Gesamtproduktion überlegt oder sich eine Lösung für irgendeine Einzelheit ausdenkt.
Man muss das, was man im Sinn hat, sehen und fühlen.
Man muss es sehen und ergreifen.
Man muss es halten und im Gedächtnis und in den Sinnen behalten.
Und - man muss es zugleich tun."

Sich selbst erkennen

„Hast du am Tempel die Inschrift gelesen: ‚Erkenne dich selbst'?"
„O ja."
„Hast du dich nicht weiter um die Inschrift gekümmert, oder hast du darüber nachgedacht und versucht zu erforschen, wer du selbst bist?"
„Beim Zeus, nein, das habe ich nicht getan. Denn ich glaubte ja, das schon genau zu wissen; denn schwerlich hätte ich wohl von etwas anderem Kenntnis haben können, wenn ich mich selbst nicht kennen würde."
„Glaubst du denn, dass einer sich schon selbst kennt, wenn er nur seinen Namen weiss oder vielmehr, wenn er es wie die Pferdekäufer macht? Die glauben nicht eher ein Pferd zu kennen, um das es ihnen zu tun ist, bevor sie untersucht haben, ob es folgsam oder wider-

spenstig, stark oder schwach, schnell oder langsam ist, und auch alles andere geprüft haben, was für die Brauchbarkeit oder Unbrauchbarkeit eines Pferdes spricht.
Wer auf ähnliche Weise geprüft hat, wie es um seine Brauchbarkeit für das menschliche Leben bestellt ist, der hat seinen Wert oder Unwert erkannt."
„Ja, das ist meine Meinung: Wer seinen Wert oder Unwert nicht kennt, der kennt sich auch nicht."
„Ist es nicht offensichtlich, dass Selbsterkenntnis den Menschen grösste Vorteile bringt, Selbsttäuschung aber grösste Nachteile? Wer sich selbst kennt, weiss, was für ihn gut ist, und kann unterscheiden, was er zu leisten vermag und was nicht.
Deshalb weiss er auch die Fähigkeiten anderer Menschen einzuschätzen, verschafft sich durch die Hilfe anderer Vorteile und kann sich vor Schaden bewahren.
Wer weiss, was er zu tun hat, erreicht sein Ziel und erwirbt sich Ehre und Ansehen.
Leute, die ebenso verständig sind wie er, gehen gern mit ihm um, andere, die in ihren Angelegenheiten Misserfolg haben, suchen seinen Rat und seine Führung."

Sokrates' Dialogpartner Euthydemos war überzeugt.
In der Gesprächfolge führte ihn aber Sokrates – wie es so seine Art war – aufs rhetorische Glatteis, um ihm an konkreten Umständen die Relativität der Dinge nahezubringen. Wie schwer der sich dann tat, berichtet Xenophon in seinen Memorabilien im zweiten Kapitel des vierten Buches.

Uns geht es hier und heute um den Orakelspruch, der in Stein gemeisselt schon vor zweieinhalbtausend Jahren Anlaufstation der Menschen war. Sokrates' Explizierung wird dabei hilfreich sein.
„Erkenne dich selbst!"

Auf einem humanistischen Gymnasium geht's nicht ohne diesen Orakelspruch, wie gesagt seit Delphi im sechsten Jahrhundert vor Christus. Maria Montessori bringt es als Operationalisierung seit hundertfünfzig Jahren in unsere Kindergärten und Schulen:
„Hilf mir, es selbst zu tun" – so heisst ihre Losung aus dem Munde eines Kindes.

Klaus Brandner, der Sprecher für Wirtschafts- und Arbeitspolitik in der SPD-Bundestagsfraktion spricht nicht von Delphi oder Montessori, doch er ist auf dem Dampfer!
„Worum es uns gehen muss? Herr Niemann, ich sag's Ihnen:
Sich nicht in sein Schicksal ergeben und nach dem eigenen Weg suchen! Dabei müssen Denken und persönliches Handeln zusammenliegen!"
Sokrates und Eisenstein hätten ihre helle Freude an Brandner gehabt, und daran, dass alte Sprüche nie alt werden.

Ein Motto dieses Essays, eins von vieren, ist von Baltasar Gracián y Morales:
„Die einzige Zeit, die wir wirklich beherrschen, ist die Zukunft. Sie können wir nach unseren Wünschen formen."
Auch schon ein alter Spruch, fast 400 Jahre alt.
Und was sagt er mir?
Nun, worauf es allein ankommt, liegt stets vor mir.
Vor meinen Augen und deren Blicken. Mag man auch den Augenblick in die Ewigkeit zerren wollen, gleich Goethe:
„O Augenblick verweile, denn du bist so schön!"

Solche Momente betören, verzaubern, lullen ein. Aus den Träumen herausgerissen und wieder bei klarem Verstand werden wir unserer Fähigkeit gewahr, dass wir etwas tun können.
Nicht zu Vergangenem, auch nicht zu Gegenwärtigem!

Wenn wir uns darüber einen Kopf machen, ist alles schon längst gewesen. Pessimisten würden sagen: Verloren.
Und hier, für einen Moment, bewegen sich Pessimisten mit den Optimisten auf gleicher Standeshöhe, haben die gleichen positiven Vorzeichen, getreu der Ihnen schon bekannten Feststellung Sloterdijks: „Keine Geschichte macht dich alt. Jede bewusste neue Sekunde ist der Anfang einer Anderen Geschichte.“

Was Neues machen, ist angesagt. Meine Fähigkeit ist herausgefordert, meinen Ideen Form zu geben. Das kann zum Businessplan führen, wenn man sich zu einer Existenzgründung durchringt. Zumindest aber lassen sich Ziele ausmachen und Wege entwerfen. Immer fängt es damit an, dass man eine Ahnung davon erhält, woraufhin man will.

Wenn wir denn soweit sind, sind wir schon längst in Begleitung eines anderen Grossmeisters der weisen Zunft. Schliesslich haben wir unseren Verstand genommen, der eine oder die andere bereits im Sinne von Eisenstein und Brandner in beide Hände gespuckt.
„Habe Mut, dich deines eigenen Verstandes zu bedienen“.
Das war der Kant-Ausgangspunkt.
Bekannt ist auch, dass wir ran müssen, obwohl oder weil die Verhältnisse so sind wie sie sind, wie Brecht und Popper meinen.
Wir werden doch wohl mit dem, was sich in der Welt um uns herum auftut, fertig werden!
Mit den Welttendenzen klar zu kommen, dazu machte uns Sloterdijk ja schon Mut. Bei ihm hat man den Eindruck, als wäre das Zeitalter der Aufklärung ein Vehikel, um unsere ICHs im 21. Jahrhundert auf Trab zu bringen.

Darauf verweist eins der weiteren Mottos, das der jungen Chinesin Sun Pei. Sie kennt weder Kant noch Aufklärung, ist aber im Bilde - nun, wenn man aus dem Land des Lao Tse kommt!
Ich befragte sie:

„Sun Pei, Sie haben Ihre Heimat verlassen und Ihren Studienplatz in Peking aufgegeben und sind hier in Deutschland. Warum?“

Sun Pei:
„Es gibt drei Gründe:
- hier kann man kostenlos Studieren; in China kostet es etwa 400 Euro im Jahr
- Deutschland und China gehen freundlich miteinander um
- Die Universitäten sind streng, man muss gut sein, um einen Abschluss zu erhalten“

„Wenn Sie von ihren Kommilitonen hören und es in der deutschen Presse lesen, dass es so schwer ist, einen Arbeitsplatz zu bekommen, warum haben Sie keine Angst, Ihnen könnte es auch so ergehen?“

Sun Pei:
„Es gibt viele Arbeitslose überall in der Welt. Ich glaube, die beste kann immer einen Arbeitsplatz bekommen.“

„Was für einen Vorteil haben Sie und Ihre Kommilitonen, dass Sie diese Angst nicht spüren?“

Sun Pei:
„Peking University ist am besten in China, und ich bin dort aufgenommen worden. Ich glaube, ich habe die Fähigkeit nach 5 Jahren

Studium, beide Kulturen, beide Sprachen gut zu kennen und damit habe ich Chancen im Deutsch-Chinesischen Arbeitsmarkt."

„Was lernen Sie in Deutschland, was Sie in China nicht lernen?"

Sun Pei:
„Deutsch. Noch mehr Deutsch. Doch - alles was ich hier lernen kann, kann ich auch in China lernen."

„Werden Sie nach Abschluss Ihrer Ausbildung in Deutschland wieder in China arbeiten?"

Sun Pei:
„Vielleicht möchte ich nach einem Diplom oder Magister in Deutschland in USA weiter studieren. Danach arbeite ich irgendwo in der Welt, egal welches Land. Wo es gute Chancen für mich gibt."

„Warum ist ein Arbeitsplatz überall in der Welt für Sie interessant?"

Sun Pei:
„Am wichtigsten ist für mich: Ich mache was ich will. Wo ist nicht so wichtig für mich."

„China hat so viele Menschen, von denen viele wie Sie einen Arbeitsplatz haben wollen, welchen Vorteil versprechen Sie sich gegenüber Ihren Konkurrenten?"

Sun Pei:
„Es gibt viele Menschen, ja, aber so viele haben nicht die Möglichkeit ins Ausland zu gehen und dort zu studieren. Was mir jedoch am wichtigsten ist, möchte ich so sagen:
→ Nicht der andere, Ich selbst!"

Was halten Sie von der Konkurrenz der Europäer oder der Deutschen um einen Arbeitsplatz?

Sun Pei:
„Konkurrenz hebt das Geschäft, ja das ist meine Meinung. Und - wenn man nur Angst hat, das hilft nicht. Was hilft, ist, dagegen etwas zu tun!"

Zum Unwort des Jahres wurde ‚ICH AG' erkoren. Die Sprachtümler der Deutschen Sprache waren es. Es fand allgemein Zustimmung, weil die ICH AG bis dato jede Menge negativer Schlagzeilen erhalten hatte. So wie die Meinung eines von mir interviewten Unternehmers: „Die ICH AG ist ein grosses Missverständnis. Das egomanische Interesse lenkt von allem ab, was der Mensch schaffen kann. Die ICH AG ist zu beerdigen."
Meinungen haben so lange ihren Bestand bis Fakten zu verzeichnen sind. Jetzt, nach einer mehrmonatigen Probelaufzeit, sprechen Fakten. Selbst bei den Stiftern der Idee und der ausführenden öffentlichen Hand ist man erstaunt, wie die Leute, die Arbeit suchen, ihr Selbst erkennen und mit der Arbeit anfangen.
Die in so manchen Presseberichten dargestellte Generation Angst hat derer vielleicht gar nicht so viel.
Eine sogenannte blockierte Generation macht Dampf!

Ein weiteres Sprichwort wird lebendig:
Aus der Not eine Tugend machen!
Wie MW!
Vor fünf Jahren, mit 54, hat sie begonnen, den Beruf ihres Alters einzuschlagen:
Yogalehrerin.

Ein Einschub zu ‚Beruf des Alters', der Alternative für das abrupte in den Ruhestand Versetzen:

> MW liegt im Erfahrungstrend der Wissenschaft vom Älterwerden – wie Paul Baltes vom Max-Planck-Institut für Bildungsforschung beschreibt:
> „Gerade in der Gruppe der jüngeren Alten findet sich ein Wissen über Lebensgestaltung, das in einer Wissensgesellschaft wirtschaftlich genutzt werden sollte. Deren körperliche und geistige Fitness übersteigt vorausgehende Generationen beträchtlich."

Heute ist MW immer noch Arztsekretärin, doch hat sie schon parallel zu ihrer Angestelltentätigkeit die ersten Kurse laufen. Ihr Arbeitgeber sieht ihre Nebentätigkeit als durchaus förderlich für seine Praxis an und stellt ihr einen Übungsraum zur Verfügung. Doch da war auch eine Gruppe von 8 Leuten, denen war ein Montagabend die beste Zeit. Da war der Praxisraum aber besetzt. Eine der Montagsinteressentinnen bot ihr grosses Wohnzimmer für die Übungen an. MW nahm das Angebot an.
Langsam wurde ihr bewusst, dass der Vorteil des Passenden und Kostengünstigen ihr Stress bereitete. Nicht nur dass der grosse Hund des Hauses zwischen den Übenden herumtrotten durfte, die Übungsraumanbieterin hatte stets für danach kleine Häppchen vorbereitet, die allen schon während der Übung die Zungen schlecken liess.
MW tat sich schwer, dagegen etwas zu sagen.
Da musste die Übungsraumanbieterin urplötzlich ins Krankenhaus. Die Yogaübungen am Montagabend waren passé. Der Verdienstausfall schmerzte MW, doch sie konnte zum ersten Mal am Montagabend aufatmen.

MW wird der bald wieder Genesenen vorschlagen, Einzelübungen mit ihr zu machen. Mit anderen der Übungsgruppe und neuen dazu wird sie auf neutralem Boden mit einem neuen Yogakurs beginnen.

Der ganz persönliche Druck kann Wunder wirken - was immer wieder aufgeschobene Veränderungen angeht. Aber vom Staat sind jetzt auch die Anreize gesetzt – man kann es auch Bestrafungsandrohung nennen. In jedem Fall sind sie Hilfe zur Selbsthilfe.
Wie stark ist doch inzwischen der Druck auf den Kessel gestiegen!
Das ‚Irgendwie geht's ja immer noch' wird von bis zu 5 Millionen gerade überdacht. Die Drohung des Bundeswirtschaftsministers ist zumindest für Leute der Arbeitslosenstufe II unüberhörbar:
„Jeder hat jeden Job anzunehmen."
Was ja, wie Sie von der Bürgermeisterin von Nordhausen wissen, in Ostdeutschland bereits jeder tut oder tun würde.

Das ‚Erkenne dich selbst' muss dem nicht im Wege stehen, geht es doch darum, dass jedermann, der betroffen ist, sich klar zu machen hat, wie er die kommenden Monate überstehen soll.
Das Management von Prioritäten ist angesagt!
Es und man kann also nur besser werden!

Wenn nötig, müssen wir uns nicht nur regen - Franz-Josef Echelmeyer von der Deutschen Telekom Immobilien und Service ist da kennzeichnend:
„Betrieb ist, wenn man sich regt."
Mehr noch!
Wir müssen uns wenden und uns damit möglicherweise erneut kennenlernen. Lernen, richtig zu sehen – wie Baltasar Gracián y Morales es versteht:
„Man muss nur lernen, die Dinge der Welt sämtlich verkehrt herum zu betrachten, um sie richtig zu sehen."

Sich selbst erkennen als Gebot der Stunde?
Warum nicht – wenn's schon mehrtausendjährige Tradition hat!

Mündigkeit verkörpern

„Good Morning!"
said Bilbo, and he meant it. Gandalf looked at him.
„What do you mean?" he said.
„Do you wish me a good morning, or mean that it is a good morning whether I want it or not; or that you feel good this morning; or that it is a good morning to be good on?"
„All of them at once," said Bilbo.
„And a very fine morning for a pipe of tobacco out of doors, into the bargain. Bilbo sat down on a seat by his door and blew out a beautiful grey ring of smoke that sailed up into the air.
„Very pretty!" said Gandalf.
„But I have no time to blow smoke-rings this morning. I am looking for someone to share in an adventure that I am arranging, and it's very difficult to find anyone." ...
„Sorry, I don't want any adventures. Thank you. Not today.
Good morning!"

Bilbo und Gandalf: J.R.R. Tolkien spricht seinen Hauptakteuren in ‚The Hobbit' Selbstbewusstsein von Anfang an zu. Lesend erkennt man sie als rechte und mündige Gegenüber, auf ihrer gemeinsamen Abenteuerreise. Der eine weiss, dass er nur mit dem anderen als Ergänzung die Reise bestehen kann, wenn sich Bilbo auch zunächst noch sträubt. Bei aller Mündigkeit hält er sich doch gerade nicht für den kongenialen Partner des Meisters.

Und in dieser kurzen Einleitungssequenz wird deutlich, dass wohl mündige Gegenüber stets sagen was sie meinen. Aber sie spielen mit Varianten und fordern den Gegenüber heraus:
Good Morning!

Darum erlauben Sie, dass ich mit den Kriterien der Unmündigkeit die der Mündigkeit uns in den Sinn kommen lasse.
Was ist Unmündigkeit?

Unmündigkeit ist
- Denkvermögen, sich seines Verstandes nur nach Anleitung bedienen zu können
- Unterwerfung gegenüber Doktrinen, Organisationen, Personen
- Abhängigkeit von materiellen und geistigen Drogen
- Neid, Missgunst, Hass, Feindbild, Rassismus
- Ungerechtigkeit, Ausbeutung, Gewalt gegen Schwächere
- Kritiksucht, Destruktivität, allgemeine Antihaltung, Nihilismus
- Scheinbares Mitleiden anstatt Mitgefühl zu empfinden
- Angst vor dem Unbewussten und Verdrängten

Als Unmündiger wollte LH im reifen Alter von Mitte Sechzig den Arbeitsvertrag mit einem niederrheinischen Werbemittelvertrieb nicht eingehen.
Und warum nicht?
LH meinte, sich im Sommer als Aushilfszusteller von Werbeprospekten sich ein paar Euro zu seiner Rente dazuverdienen zu können. Auf die Anfrage nach dem Job kam auch sofort die mündliche Zusage und per Fax der Arbeitsvertrag für eine vierzehntägige Testphase. Vergütung, Auslieferzeit und Ausliefergebiet fand LH ganz in seinem Sinne. Für obsolet hielt er dagegen den Passus, der nur Sinn bei einer längeren Tätigkeit machte. Desgleichen hielt es LH für übertrieben, den Vertrag und die Vergütung vor Dritten geheim zu halten.

Seine Frau wollte schliesslich wissen, was er so in der Nachbarschaft am Vormittag machte. Und wenn er schon weg war, was er davon hätte – an Geld natürlich. Ärgerlich fand LH dann aber die Androhung einer Vertragsstrafe in Höhe eines durchschnittlichen Monatsgehalts bei Vertragsverletzung. Wohl konnte er akzeptieren, dass eine Bezahlung entfällt, wenn 10 Prozent der Haushalte nicht bedient worden wären.
LH strich das, was er nicht akzeptieren konnte, in dem bereits vom Arbeitgeber unterschriebenen Arbeitsvertrag durch und sandte den auch von ihm jetzt unterschriebenen Vertrag an den neuen Arbeitgeber.
Er bat per Fax um postwendende Bestätigung, da inzwischen die Prospekte bei ihm schon der Auslieferung harrten. Die FaxAntwort kam am späten Nachmittag:
„Allerdings kann und darf ich auf Ihre Änderungen im Arbeitsvertrag nicht eingehen. Der Vertrag muss so bestehen bleiben und darf nicht geändert werden."
LH teilte der Firma am Niederrhein mit, dass er die angelieferte Ware wieder zur Verfügung stellte.
Was den einen Partner wohl bewegt, den anderen für unmündig zu halten?

Gehen wir von dem Gewohnten aus – unterstellt dass LHs Anspruch auf Mündigkeit nicht die Regel ist. Ausgehend aus der verschuldeten oder unverschuldeten Unmündigkeit geht der Weg meist mit einem Lamento los:

Eine Stimme: „Die hacken alle auf mir herum."
Eine andere: „Nichts bekomm' ich geregelt".
Majestix: „Der Himmel fällt mir auf den Kopf."

Allen klagenden Personen ist gemeinsam, dass sie sich in eine Objektposition gedrängt fühlen. In solch einer Stellung erhält man im nicht-sozialen Feld nur noch mehr Schläge.
Ganz sicher! Und Immerzu!
Dass dieses die Unternehmenswirklichkeit ist, weiss auch Dr. Robert Coenen, der Chefeinkäufer einer grossen Messegesellschaft:
„Wenn jemand die Kündigung erwartet oder sie hat, muss er Souveränität an den Tag legen – ob er eine solche hat oder nicht.
Verhält er sich anders, zeigt er sich also dem Gegenüber als gebrochene Person, ist er weg vom Fenster. Ich meine bei den Firmen, die vielleicht für ein neues Engagement infrage kommen."
Ergo: Business as usual oder The show must go on!

Von einem Konsens durch Konflikt, dem Wettstreit der Mündigen, sind wir noch weit entfernt. Noch wird produktive ‚Streitkultur' von harmonischer ‚Unternehmenskultur' überlagert. Und jedes Unternehmen hat seine Unternehmenskultur. Weil es harmonisch zu halten ist, werden in den Führungsetagen die Machtinteressen im Versteckspiel gedacht, gewogen, praktiziert.
Das versteckte HinundHer spiegelt sich dann auf den Sachebenen.
Von einer streitkulturischen Gruppenarbeit sind wir weit entfernt. Nach einem forming, storming, norming, performing hakt das Management die Themen ab.
Wenn's Gruppen allzu hart trifft, muss ein Sündenbock her. Das kann eine einzelne Person oder eine Gruppe oder eine Abteilung oder wer auch immer sein. Gern wird der Kunde ins Feld geführt, also jemand, der weit weg ist, um konkret Stellung beziehen zu können. Oder noch weiter weg:
Der Bundeskanzler als personifizierte missliche Rahmenbedingung.

Ganz anders ist das Verhalten, wenn sich zwei gegenüberstehen, bei denen es in Reinkultur um Leistung und Gegenleistung geht. Das ist

in aller Regel der Fall, wenn ein Unternehmensvertreter einem anderen Unternehmensvertreter in einer Verhandlung gegenübersteht. Sie dürfen auch sitzen!
So gegenteilig ihre Auffassungen auch sein mögen: bei denen spricht die Welt von Verhandlungs'partnern'.

Dem Thema ‚Der Kunde – Dein Partner' hat sich der international tätige Marketier Drs. Bert Willems, Sie kennen ihn vom Vorwort, seit langem verschrieben. Er schreibt über sein Fachgebiet Account-Management:
„Wer darüber nachdenkt, was den Kunden bewegt, der kann einiges lernen.
Wer fragt, was der Kunde wünscht, der erfährt eine ganze Menge.
Und es kommt der Moment, in dem Sie soviel über den Kunden wissen, dass Sie auch genau wissen, wie Sie dem Kunden optimal zu Diensten sein können.
Das ist ein erfreulicher Moment.
Der tritt aber nur ein, wenn Sie dem Kunden gegenüber offen und ehrlich sind. Und wenn der Kunde das auch Ihnen gegenüber ist.

Das ist der Moment, in dem Sie beim Account-Management angelangt sind. Sie möchten mit diesem Kunden zuverlässiger zusammenarbeiten, gemeinsam vieles mit diesem Kunden unternehmen.
Nun, wenn der Kunde dies alles auch mit Ihnen will, ist die Zeit reif.
Sie denken gemeinsam gründlich darüber nach, was der eine dem anderen gegenüber bedeuten kann und was sie füreinander tun können.
Das legen Sie fest.
Sie sprechen und treffen Entscheidungen über die Art und Weise, in der das geschehen soll, wie Sie gemeinsam abrechnen, noch einmal verhandeln, aber nur dieses eine Mal.
Dann tun Sie es!

Account-Management ist die Aufgabe für mündige Partner.
Da Sie es gemeinsam wollen, müssen sich die Partner in ihren unternehmerischen Funktionen und Zielsetzungen kennenlernen. Sie müssen die Organisation beider Seiten kennen und verstehen. Sie werden beide viel Zeit und Mühe investieren, weil Sie beide einander vertrauen müssen. Account-Management ist eine Form strategischer Allianz. Sie genauso wie der Kunde, Sie beide, müssen ihren Nutzen daraus ziehen.

Ehe es Account-Management gibt, sind Sie Verkäufer. Sie geben die beste Antwort auf die Frage: „Weshalb sollte ich mit Ihnen Geschäfte machen?“ Der Kunde kauft bei Ihnen, weil Sie sich an einem Punkt unterscheiden, der für den Kunden wertvoll ist.
Vom Account-Management an betreuen Sie den Geschäftspartner. Diese Geschäftsbeziehung sind Sie eingegangen, weil Sie in diese Beziehung als Mündiger und Anerkannter eintreten können, mit dem Ziel sich im Markt so zu positionieren, dass Sie einen Mehrwert – jeder für den anderen – schaffen.“

Für Partnerschaften offen sein

„Zwei Knaben, Fritz und Ferdinand,
die gingen immer Hand in Hand,
und selbst in einer Herzensfrage
trat ihre Einigkeit zutage.

Sie liebten beide Nachbars Kätchen,
ein blondgelocktes süsses Mädchen.

Einst sagte die verschmitzte Dirne:
Wer holt mir eine Sommerbirne,

recht saftig, aber nicht zu klein?
Hernach soll er der beste sein.

Der Fritz nahm seinen Freund beiseit
und sprach: Das machen wir zu zweit;
da drüben wohnt der alte Schramm,
der hat den schönsten Birnenstamm;
du steigst hinauf und schüttelst sacht,
ich lese auf und gebe acht.

Gesagt, getan. Sie sind am Ziel.
Schon als die erste Birne fiel,
macht Fritz damit sich aus dem Staube,
denn eben schlich aus dunkler Laube,
in fester Faust ein spanisch Rohr,
der aufmerksame Schramm hervor.

Auch Ferdinand sah ihn beizeiten
und tät am Stamm heruntergleiten
in Ängstlichkeit und grosser Hast,
doch eh er unten Fuss gefasst,
begrüsst ihn Schramm bereits mit Streichen,
als wollte er einen Stein erweichen.

Der Ferdinand, voll Schmerz und Hitze,
entfloh und suchte seinen Fritze.

Wie angewurzelt blieb er stehn.
Ach hätt er es doch nie gesehn:

Die Käthe hat den Fritz geküsst,
worauf sie eine Birne isst.

Seit dies geschah, ist Ferdinand
mit Fritz nicht mehr so gut bekannt."

„That's really, it's life", so der spontan gesprochene abschliessende Kommentar meines Nachbarn an einem Wilhelm Busch-Abend. Authentisches Partnerverhalten ist nicht an die deutsche Sprache gebunden, ist international wie ‚Hire and Fire'. Und – was will uns Wilhelm Busch mit ‚Fritz und Ferdinand' sagen?
Zunächst ist die Kooperationsbereitschaft für die Aufgabe vorhanden.
Nicht genügend differenziert, wenn überhaupt, wurde die Zielsituation.
‚Es kann nur einen geben' – die süsse Käthe hatte es ja klar formuliert, wurde glatt verdrängt. Eher hiess das Birnenklaumotto, als die Knaben beschlossen es gemeinsam zu machen:
‚Machen wir doch mal den ersten Schritt'.
Die Schrittfolge ist an sich ok.
Doch hatte nur Fritz die direkte Zielerreichung im Sinn, mag sie ihm auch erst beim Fall der Birne und dem Auftauchen des alten Schramm gekommen sein. Anders ausgedrückt:
Fritz wusste, was er wollte, Ferdinand nicht!
So blieb die Partnerschaft auf der Strecke und die Freundschaft ging in die Brüche.

Und die Moral von der Geschicht:
Kommt's hart auf hart
Hört's auf mit smart
Hilft kein Gedicht.

Doch „die Kooperationsbereitschaft wächst", auf jeden Fall im Handwerk, wie Rolf Papenfuß vom Zentralverband des Deutschen Handwerks anmerkt.

„Es gibt zahlreiche Beispiele, die zeigen, dass in der heutigen Zeit Kooperationen eine sehr gute Strategie sein können."
An kooperativen Lösungen gibt es im Handwerk gleich eine ganze Menge, alle entstanden in den letzten Jahren.
Worum es gehen kann?
Hier zwei Darstellungen, zum einen die kooperative Projektabwicklung über Internet im Elektrotechnikbereich und zum anderen eine kooperative Lösung zur Förderung des Einsatzes des Werkstoffes ‚Holz':

Best Practice - Beispiel: Elektrotechnik Kathmann GmbH & Co. KG

Kooperative Projektabwicklung über Internet

Themenbereich:	Nutzung der I+K-Technologien Kooperative Lösungen
Region:	Niedersachsen
Name und Beschreibung des Betriebes	Elektrotechnik Kathmann GmbH & Co. KG Die drei Handwerksbetriebe Elektrotechnik Kathmann GmbH & Co. KG, Elektro-Rössing GmbH und Elektro-Stoffregen haben sich zu einer Kooperation zusammengeschlossen. Sie bieten zahlreiche Dienstleistungen im Bereich Elektrotechnik an.
Beschreibung der Idee	Wie jede Kooperation basiert auch dieser Zusammenschluss auf dem Einsatz der I+K-Techniken: - Die Kommunikation unter den Kooperationspartnern erfolgt über die sogenannte Telekooperation, d.h., der Austausch von Informationen und Dokumenten zwischen den Partnern geschieht mit Hilfe eines Netzwerkes. - Ein einheitliches Projektmanagementsystem optimiert die Auftragsabwicklung von der Kundenanfrage über Angebotserstellung, Präsentation bis zur Fertigung, Montage und Baubetreuung.

	- Als zusätzliche Akquisitionsmöglichkeit haben die Kooperationspartner einen Internet-Shop (www.eas-bs.de) eingerichtet, in dem sie Elektroartikel zu Preisen anbieten können, die konkurrenzfähig sind zu denen von Baumärkten. Auch das Angebot von Serviceleistungen kann im Internet-Shop abgerufen werden. Damit unterstreicht die Kooperation ihre starke Kundenorientierung.
Bewertung - Zukunftaussichten	Die Nutzung der I+K-Technologien, zum einen zur internen Kommunikation unter den Kooperationspartnern, zum anderen zur Ausrichtung ihrer Leistungen an die Kundenbelange, ist in der heutigen Zeit ein Muss speziell für einen Betrieb im Bereich Elektrotechnik. Damit unterstreichen die Kooperationspartner ihre Kompetenz und sichern sich ihre unternehmerische Zukunft.
Übertragbarkeit	Die Bildung einer Kooperation und die Nutzung der I+K-Technologien sind nicht nur im Elektrotechnikbereich, sondern auch in vielen anderen Gewerken möglich – unabhängig von Regionen.
Firmenanschrift:	Elektrotechnik Kathmann GmbH & Co. KG Pippelweg 39, 38120 Braunschweig Tel: 0531/866020 Email: info@ekbs.de Internet: www.elektrotechnik-kathmann.de
Einstellende Organisation:	Handwerkskammer Braunschweig

Best Practice - Beispiel: Initiativkreis Holz aus der Frankenalb

Förderung des Werkstoffes 'Holz'

Region:	Bayern
Name und Beschreibung des Betriebes	Initiativkreis Holz aus der Frankenalb. Der „Initiativkreis Holz aus der Frankenalb" ist eine Kooperation von Handwerksbetrieben im Bereich Holzbearbeitung.

Beschreibung der Idee	Im Initiativkreis Holz aus der Frankenalb haben sich zehn Unternehmen, Behörden (Forstämter) usw. zusammengeschlossen mit dem Ziel, über die vielfältigen Nutzungsmöglichkeiten der heimischen Hölzer zu informieren und die ökologischen und ökonomischen Vorteile dieses Rohstoffs für die Bewohner und die Industrie der Region herauszustellen. Diese Aktivitäten drücken sich aus in den hergestellten Produkten: - ein Holzhaus (Frankenhaus) aus regionalen Rohstoffen - Möbel aus Holz - Dämmstoffe aus Papierflocken
Bewertung - Zukunftaussichten	Die Leistungen des Initiativkreises lassen sich zusammenfassen: - Die Kooperation trägt zur Stärkung der fränkischen Wirtschaft bei: Handwerksbetriebe und Werkstoff kommen aus dem Frankenland. Durch aktive Öffentlichkeitsarbeit und Beratung sowie Aufzeigen von konkreten Projekten (Musterhaus) wird dieses Merkmal herausgestellt. - Auch die Umwelt profitiert von der Kooperation: Es werden nur so viele Bäume eingeschlagen wie auch nachwachsen. Kurze Transportwege (weniger Abgase) entlasten zusätzlich die Umwelt. - Aufnahme im „Umweltpakt Bayern II“
Übertragbarkeit	Auch in anderen Regionen wächst der Werkstoff Holz, der durch die dort ansässigen Handwerksbetriebe erfolgreich vermarktet werden kann.
Firmenanschrift:	Initiativkreis Holz aus der Frankenalb Unterkrumbach 39, 91241 Kirchensittenbach Tel: 09151/862999 Email: info@die-moebelmacher.de
Einst. Organisation:	Handwerkskammer für Mittelfranken, Nürnberg

Der mittelständische Unternehmer Michael Hess von Krafft Walzen Düren hat auch so seine Erfahrungen und ist sich gar nicht sicher in Kooperationen:
„Für auftragsbezogene Kooperationen gibt es eine Reihe Ansätze aber auch Vorbehalte“

Der schon zitierte Robert Coenen mahnt denn auch, wie weiland Wilhelm Busch es so vergnüglich zeichnete:
„Kooperationen sind wie ‚Teenager und die Liebe‘:
- Alle denken darüber nach.
- Alle denken, dass die anderen es schon getan haben.
- Alle möchten, dass die anderen denken, dass man selbst es schon getan hat.
- Und wenn man es wirklich macht, ist der Erfolg noch längst nicht garantiert.“

Bezieht man den Status ‚Für Partnerschaften offen sein‘ auf die innerbetriebliche Situation von Arbeitgeber und Arbeitnehmer oder sprachlich deutlicher: von Management und Mitarbeiter, so votiert Klaus Brandner MdB, Ihnen schon bekannt, für mehr Partizipation:
„Die tatsächliche Teilhabe könnte deutlich verbessert werden“.
Das Thema ist von den Medien bereits aufgenommen:
„Teilhaber-Gesellschaft lautet das neue Leitbild“. Übertrieben wirkt dabei die Feststellung einer rheinischen Zeitung, dass die Regierungspartei sich jetzt dem Leistungsgedanken öffnet. Keine machtorientierte Organisation – was die Parteien gerade auch sind – kann durch blosses Sozial- und Umverteilungsgebaren an die Macht kommen oder diese halten.

Eher ist es in der Tat so, dass auch von Parteien Zielübereinstimmung wie bei ‚Fritz und Ferdinand‘ mit möglichen Partnern gesucht wird. Wo jeder nun weiss, dass Leben vom Brot und das vom Lohn und der von florierender Wirtschaft und die von Unternehmen gemacht wird, was wundert's, dass auch die Regierungsparteien dem ‚Rundum-sorglos-Staat' keine Träne nachweinen und für Leistungsdenken allerorten votieren, wo erst der Lohn nach persönlicher Anstrengung eingefahren wird. Gut, andere Parteien waren immer schon dort, auf jeden Fall seit Ludwig Erhard.

Einen herben Rückschlag kann Partnerschaft erleiden, wenn betriebsintern eine Entlassungswelle bevorsteht. Die Kernfrage ist für den Betrieb wie für die Betroffenen diegleiche:
„Wer ist am wenigsten auf den Job angewiesen?"
Die Rechtsprechung hat verschiedentlich festgestellt, dass alle Mitarbeiter des Betriebs einzubeziehen sind, nicht nur jene Abteilungen, in denen die Arbeitsplätze wegfallen sollen. Die Sozialkriterien sind ohne Prioritäten:
Alter, Betriebszugehörigkeit, Unterhaltspflichten.
Und nun der Rückschlag in Sachen Partnerschaft!
„Nur wer im noch normalen betrieblichen Geschehen bereits Informationen über die Mitarbeiter, auch von seiner Kollegin am Schreibtisch gegenüber, zusammengetragen hat, hat eine Chance, vor Gericht Fehlentscheidungen bei der Sozialauswahl vorzubringen und durch Richterspruch korrigieren zu lassen."

Zur Zukunft von ‚Für Partnerschaften offen sein' bat ich den Dortmunder Wirtschaftswissenschaftler Kornelius Kraft um einen Kommentar. Er ist mir bekannt, seit er am Wissenschaftszentrum Berlin gemeinsam mit Felix FitzRoy von der University of St. Andrews wegweisende Standards zu Partizipation, im besonderen zu Mitarbeiterbeteiligung in Unternehmen, entwickelt hat. Dabei hat es der Inhaber des Lehrstuhls für Wirtschaftspolitik stets geschafft, das notwendige Theoretische so zur Sprache zu bringen, dass man's versteht. Prüfen Sie's an seinem Statement für ‚Partnerschaften'.

„Jeder kennt aus dem persönlichen Bereich Beispiele für missglückte Partnerschaften. Die wenigsten ziehen daraus den Schluss, dass Partnerschaften an sich schlecht sind und man deshalb darauf in der Zukunft verzichten sollte, sondern suchen nach einer besseren.
Die Personen, die von Partnerschaften ganz Abstand nehmen, werden von den meisten Beobachtern als die absoluten Verlierer eingeschätzt.

Der wesentliche Vorteil von Kooperationen liegt in der höheren Leistungsfähigkeit der Gemeinschaft, die sich in der Regel aus der Kombination von unterschiedlichen Stärken erklären lassen. Das Hauptproblem liegt in dem Anreiz begründet, in speziellen Situationen den Partner auszunützen und in dieser Lage einen besonderen wie auch immer gearteten Vorteil zu erzielen.
Erfährt der Partner davon, ist das Verhältnis meistens beendet und das ist – rein ökonomisch betrachtet - auch richtig so. Anreize zu egoistischem Verhalten werden immer wieder entstehen.

Partnerschaften werden deshalb nur funktionieren, wenn einerseits eine langfristige Zusammenarbeit geplant ist und andererseits Vertragsverletzungen erkannt und mit einer spürbaren Bestrafung – in der Regel Beendigung des Vertrages – verbunden sind. Die Bestrafung ist der Entzug von etwas Wertvollem, der Kooperation selbst.

Nur wenn einem die Partnerschaft viel wert ist und gleichzeitig die Drohung der Beendigung bei einseitigem Fehlverhalten besteht, kann diese Kooperation überleben.
Sind diese Bedingungen erfüllt, so wird sich eine Kooperation im Vergleich zu den Einzelkämpfertypen als weit überlegen erweisen."

Thematisch sprechen wir in diesem Essay von dem Offensein für Partnerschaft im beruflichen, im betrieblichen Geschehen. Darüber geht auch die Kommentierung von soeben. Ich habe mich beim Lesen dabei ertappt, nur an eine ganz private Zweierbeziehung zu denken.
Sie auch?
Businesskriterien können ganz schön privat sein!

Ausschau halten

„Meine Herren, heute sehen Sie mich Gläser abwaschen
und ich mache das Bett für jeden.
und Sie geben mir einen Penny, und ich bedanke mich schnell
und Sie sehen meine Lumpen und dies lumpige Hotel
und Sie wissen nicht, mit wem Sie reden.
Aber eines Abends wird ein Geschrei sein am Hafen
und man fragt: Was ist das für ein Geschrei?
und man wird mich lächeln sehn bei meinen Gläsern
und man sagt: Was lächelt die dabei?
Und ein Schiff mit acht Segeln
Und mit fünfzig Kanonen
Wird liegen am Kai.“

Bis zum Ende (nicht Jennys!) lässt Bertolt Brecht die Seeräuber-Jenny in der Drei-Groschen-Oper noch drei Strophen singen.

Die Moral von der Geschicht:
Nur Jenny war es, die auf ein klares Ziel hin Ausschau hielt, dagegen keiner der Pennygeber. Jene wurden dann doch arg überrascht, als die Seeräuber sich daran machten, die Stadt zu überfallen und dabei so gut Bescheid wussten, wo es was zu holen gab, und dabei Jennys Domizil keinen Schuss abbekam.

Und Jenny war es wiederum, die ganz am Schluss das Entscheidungsrecht hatte, wie es denn mit den Unterlegenen weitergehen soll. Keiner der Pennygeber hatte eine Chance. Jenny würfelte nicht. „Und wenn dann der Kopf fällt, sag ich: Hoppla!"

Die Möglichkeiten für sich auszukundschaften ist das Gegenteil von ‚auf ein Angebot warten'. Traditionell hat man schon immer offene Ohren und gute Sicht für Mitteilungen des Arbeitsamtes und für die Zeitungsanzeigen der Firmen. Hinzugekommen ist heute, Ausschau nach Firmen zu halten. Zu beobachten und recherchieren wie sich jene zu welchen Zeitpunkten und zu welchen Ereignissen in der Öffentlichkeit präsentieren. Dann hat wohl bei jedem inzwischen Einzug gehalten, im Internet nachzuschauen, was dort von den Unternehmen präsentiert oder auch preisgegeben wird.
Also Internet ist in – unbedingt!

Nicht so blutrünstig wie Jenny aber genauso zuversichtlich hält Pippi Langstrumpf Ausschau - nach ihrem Vater.
Ihren Vater hatte Pippi nicht vergessen. Er war Kapitän und segelte über die großen Meere, und Pippi war mit ihm auf seinem Schiff gesegelt, bis er einmal bei einem Sturm ins Meer geweht worden und verschwunden war. Aber Pippi war ganz sicher, dass er eines Tages zurückkommen würde. Sie glaubte überhaupt nicht, dass er ertrunken sein könnte. Sie glaubte, dass er auf einer Insel an Land geschwemmt worden war, wo viele Neger wohnten, und dass ihr Vater König über alle Neger geworden war und jeden Tag eine goldene Krone auf dem Kopf trug.
"Meine Mama ist ein Engel und mein Papa ist ein Negerkönig. Es gibt wahrhaftig nicht viele Kinder, die so feine Eltern haben!", pflegte Pippi sehr stolz zu sagen. "Und wenn mein Papa sich nur ein Schiff bauen kann, dann kommt er und holt mich, und dann werde ich eine Negerprinzessin. Hei hopp, was wird das für ein Leben!"

Ausschau halten, was sich so tut, wenn man denn ein Ziel erfasst hat, ist im Zuge der globalisierten Märkte wahrlich nicht einfacher geworden. Jenny in ihrer Hafenkneipe hatte noch einen überschaubaren Raum und die eine Richtung, aus der ihr Sturmwind aufkommen würde. Pipi Langstrumpf hatte dagegen nicht mehr als eine Groborientierung.
Auf den Nenner bringt es der Ihnen bereits bekannte Unternehmer Michael Hess:
„Der Markt ist grösser geworden, aber nicht transparenter".
Anzunehmen ist, dass davon viele Unternehmen ein Lied singen können.

Wenn auch nur eine bedingte Überschaubarkeit möglich ist, trotz oder gerade wegen des Informationspotenzials Internet, gilt es sich zu strecken, um möglichst aufschlussreiche Informationen erhalten. Nur die können helfen, die gesetzten Ziele zu substantituieren.
Wir müssen tätig werden, wie wir schon von Franz-Josef Echelmeyer von der Deutschen Telekom Immobilien und Service als Lehrsatz vernahmen:
„Betrieb ist, wenn man sich regt."
Echelmeyer denkt an das erfolgreich am Markt tätige Unternehmen. Hier kommt mir die Weisheit des Erfolgreichen (zweimal Deutscher Fussballmeister mit Borussia Dortmund) in den Sinn, die von dem früheren Mittelfeldregisseur Adi Preissler:
„Wichtig is aufm Platz".
Da gibt's nichts zu überbieten. Es sind Maxime!

Eine ultimative Forderung, Ausschau zu halten, wachsam zu sein für den, der da kommt, kennen Sie aus der Bibel. Der Apostel Matthäus formuliert es so:
„Das sollt ihr aber wissen: Wenn ein Hausvater wüsste, zu welcher

Stunde in der Nacht der Dieb kommt, so würde er ja Ausschau halten und nicht in sein Haus einbrechen lassen.
Darum seid auch ihr bereit! Denn der Menschensohn kommt zu einer Stunde, da ihr's nicht meint."

Ausschau halten nach einer Stelle, nach einer Beschäftigung kann kurz und knapp aussehen, wie bei CN aus Bonn. Sie hält mit eMail für ihren Freund Ausschau:
„Sehr geehrter Herr Niemann,
im Auftrag meines israelischen Freundes EM frage ich bei Ihnen an. Er ist PC-Techniker und Netzwerkadministrator mit internationalen Erfahrungen (Tel Aviv, New York), und verfügt über exzellente Englischkenntnisse, spricht allerdings nicht deutsch. Zur Zeit ist er als Freelancer bei einigen Unternehmen in Tel Aviv beschäftigt.
Er möchte gerne zum nächstmöglichen Termin in Ihrem Hause in Düsseldorf arbeiten. Über Ihr Interesse an seiner ausführlichen Bewerbung oder ein vorab telefonisches persönliches Gespräch würden wir uns sehr freuen.
Mit freundlichen Grüssen CN"

Ausschau halten nach einer Stelle kann nichts nutzen, wenn der ‚Mitbringsel' zu viele sind, wie bei KS aus München. KS sagt alles was sie kann und gibt alles was sie hat, schon beim ersten - ungefragten - Mal:
„Sehr geehrter Herr Niemann,
hiermit möchte ich mich bei Ihnen um eine Stelle als Multimedia-Entwicklerin für die Entwicklung von CD-ROM Produktionen oder Online Angeboten zu sofort oder später bewerben. In der Anlage übersende ich Ihnen ein Acrobat Dokument mit aussagekräftigen Bewerbungsunterlagen.
In einem ersten Berufsleben bin ich Sozialpädagogin mit dem Schwerpunkt Erwachsenenbildung und 16 Jahren Berufserfahrung

im In- und Ausland Singapur 1990-1993). Ferner habe ich eine Ausbildung zur Multimedia-Entwicklerin (Designerin/ Programmiererin) mit inzwischen 2 Jahren Berufserfahrung (selbständig) in der CBT-, POI- und Web-Entwicklung sowie eine Qualifikation zur Systemadministratorin mit ebenfalls 2 Jahren Berufserfahrung. Ich verfüge über sehr gute Kenntnisse der MS-Office-Produktfamilie, der einschlägigen Autoren- und Grafik-Tools ebenso wie von diversen Web-Editoren.

Eigeninitiative, Kreativität, Kommunikationsfähigkeit und Liebe zum Detail gehören ebenso zu meinen persönlichen Stärken wie Teamfähigkeit, Organisationstalent und der sichere Umgang in einem internationalen Umfeld.

Gerne übersende ich Ihnen eine Bewerbungsmappe mit Pröbchen-CD.

Über Ihr Interesse und auf Ihre Antwort freue ich mich sehr. Mit freundlichen Grüßen KS“

Nota bene: Der eMail-Abruf brauchte seine Zeit; immerhin hatte das obige Schreiben 19 Seiten Anlagen, natürlich mit viel Grafik.

KS machte sich bei mir keine Präferenzen, als ich meine eMail-Kontakte längere Zeit blockiert sah!

RA kann es sich leisten beim Ausschau halten die Ruhe weg zu haben. Nur so – und ohne Hektik – sieht sie sich in der Lage, dass sie mit ihrer Sensibilisierung auch erfolgreich zuschlagen kann.

Sie ist vor allem wegen des schönen Wetters in die Stadt gekommen - und nicht wegen des Schlussverkaufs. Die Stuttgarter Zeitung hatte sie und andere zu ‚Schlussverkauf ja oder nein‘ interviewt:

"Normalerweise vermeide ich es, an diesen Tagen in die Innenstadt zu gehen", sagt sie, "mir ist es einfach zu voll, und ich mag das Gedränge überhaupt nicht."

Ihr wäre es deshalb recht, wenn der Schlussverkauf abgeschafft würde und die Geschäfte das ganze Jahr über für ihre Kunden Rabatte einräumten.
"Dann könnte ich in Ruhe nach Schnäppchen Ausschau halten."

Für das Ausschau halten gilt es im laufenden Betrieb – gleich Jenny in der Hafenbar oder Pippi in der Villa Kunterbunt – sensibel zu sein, sich zu regen, wie wir hörten. Im Grunde haben wir uns auf eine neue Praxisphilosophie einzustellen.
Nun, Sie können darüber lachen oder weinen oder - sie verinnerlichen.

Jedes Unternehmen wird früher oder später die Ressourcen abschätzen und in erster Linie unter Kostengesichtspunkten neu strukturieren. Abhängig von den je vorhandenen Ressourcen wird im Unternehmen zu entscheiden sein, die betrieblichen Aufgaben

- mit dem vorhandenen Mitarbeiterpotenzial,
- mit anzustellenden Personen oder
- mit Dienstleistungen von Unternehmen vorzunehmen.

Diese Entwicklung wird überproportional schnell anwachsen, je virulenter sich die neue Situation stellt.
Dem radikalen oder auch vertieft ökonomischen Ansatz des Unternehmens kommen Mitarbeiter entgegen, die - in sehr gleicher Weise - für ihre eigene berufliche Entwicklung ökonomisch orientiert sind. Das gilt auch für die potenziellen, die noch als Stellensuchende ‚tätig' sind.
Jene werden Ausschau halten, um neue Aufgaben für sich nicht erst nach Beendigung einer vereinbarten Tätigkeit zu entdecken sondern direkt vom ersten Arbeitstag an.
Ihr Focus wird dabei nicht von der Durchführung der konkreten Aufgaben abgelenkt, ebenso wenig wie ein Unternehmen die Auftrags-

arbeit für das beauftragende Unternehmen halbherzig durchführt. Nein,
Ausschau halten über den Tellerrand hinaus ist eine Flexibilität, die wie selbstverständlich auch neue Möglichkeiten für das Unternehmen eröffnet.

Kommunikation führen

Es geschah auf der Buxtehuder Heide an einem Sonntagmorgen im Herbst. Als der Igel den Hasen sah, wünschte er ihm freundlich einen guten Morgen. Der Hase aber antwortete gar nicht auf des Igels Gruss, sondern sagte mit höhnischer Miene:
"Wie kommt es, dass du hier schon so am frühen Morgen im Feld herumläufst?"
"Ich gehe spazieren", sagte der Igel.
"Spazieren?" lachte der Hase. "Du könntest deine Beine schon zu besseren Dingen gebrauchen."
Diese Antwort verdross den Igel sehr. Alles kann er vertragen, aber auf seine Beine lässt er nichts kommen, gerade weil sie von Natur aus krumm sind.
"Du bildest dir wohl ein, du könntest mit deinen Beinen mehr ausrichten?" sagte er.
"Das will ich meinen", sagte der Hase.
"Nun, das kommt auf einen Versuch an", meinte der Igel. "Ich wette, wenn wir um die Wette laufen, lauf ich schneller als du."
"Du - mit deinen krummen Beinen?" lachte der Hase. "Gut, was gilt die Wette?"
"Einen Golddukaten", sagte der Igel.
"Angenommen", sagte der Hase, "schlag ein, dann kann es gleich losgehen."

"Nein, so grosse Eile hat es nicht", meinte der Igel, "ich hab' noch gar nichts gegessen; erst will ich nach Hause gehen und frühstücken. In einer Stunde bin ich wieder hier."
Unterwegs dachte der Igel bei sich:
"Der Hase verlässt sich auf seine langen Beine, aber ich will ihn schon kriegen.“

Der weitere Verlauf der Geschichte ist Ihnen bekannt:
Der Igel aktivierte seine Frau. Sie stellten sich am Startpunkt und am Zielpunkt der langen Ackerfurche auf. Das Wettrennen begann und der Hase lief dreiundsiebzigmal, und der Igel hielt immer mit. Und jedesmal, wenn der Hase oben oder unten am Ziel ankam, riefen der Igel oder seine Frau:
"Ich bin schon da."
Beim vierundsiebzigsten Male aber kam der Hase nicht mehr ans Ziel. Mitten auf dem Acker fiel er zu Boden.
Tot!
Vergnügt gingen der Igel und sein Frau als Sieger nach Hause.
Und wenn sie nicht gestorben sind, leben sie heute noch.

So weit die Fabel, die die Brüder Grimm für uns aufgeschrieben haben.
Kommunikation ist nicht nur aller Anfang von Begegnung und hält diese am Leben - Martin Buber sagt: „Alles wirkliche Leben ist Begegnung“ – sondern sie unterliegt auch einer Vor-Einstellung der miteinander Kommunizierenden.
Mag man diese Erwartungshaltung oder Zielorientierung nennen.
Und es ist eine taktisches Vergnügen ‚Wer zuletzt lacht, lacht am besten‘.
Gut, der anfangs lachende Hase lacht zum Schluss gar nicht mehr. Seine Kommunikationsfähigkeit ist erloschen. Im Grunde war sie in der Sonntagsbegegnung mit dem Igel von Anfang an eingeschränkt.

Der Hase zeigte sich sehr überheblich, nahm den Igel nicht wirklich in den Blick. Während der Igel daran ging, auf einfache Weise eine für den Hasen zu komplexe Kommunikationsstruktur zu weben.

Der uns bereits willkommene Bruno Tietz fordert als Wirtschaftswissenschaftler Kommunikation als partnerschaftliches Streben – was man bei Herrn und Frau Igel eheadäquat voraussetzen darf. Nicht wirklich intrinsisch verfährt Tietz, gibt er doch seinem wegweisenden (damals vor zehn Jahren) Buch über die Kommunikationsgesellschaft den Titel 'Wege in die Informationsgesellschaft'.
Im Verlaufe der Neunziger wurde immer deutlicher, wie HighTech dem Benutzer half, sich von der reinen Arbeitsplatz-Technik zu lösen und sich auf seine eigentlichen Interessen, seine Aufgaben zu konzentrieren. So folgerte seinerzeit auch Tietz:
"Das bedeutet einen Wandel von der computerorientierten Kommunikation zur problemlösungsorientierten Kommunikation."

Die Möglichkeit der Internetnutzung, gleichzeitig mit bestimmten Leuten aus einer beliebig grossen Zahl von überall in der Welt in Kontakt zu treten, nutzen Junge wie Alte, Firmen wie Schulen und Hochschulen.
Den Jugendlichen als auch den Mitarbeiterinnen und Mitarbeitern in den Unternehmen sagt man schon 'mal eine redundante Nutzung nach. Die Zielanwahl ändert sich dabei von Zeit zu Zeit. Mal ist es sex.com, dann Moorhuhnjagd.de, wobei man mit Hilfe von google.de wirklich schnell zu den Erklärungen des Tages kommt. So war's auch mit der Fabel vom Hasen und Igel, nachdem ich vorher vergeblich unter den Büchern meines Sohnes Grimms Märchen gesucht hatte.

Kommunikation als Wesensmerkmal unserer Zeit?
Schon immer gab es sie. So differenziert und genau wissen wir erst jetzt, was mit ihr ist. In nur fünfzig Jahren erfolgte die Entwicklung

von der Industriegesellschaft über die Dienstleistungsgesellschaft und die Informationsgesellschaft zur Kommunikationsgesellschaft. Gut, mit der Kommunikationsgesellschaft stehen wir erst am Anfang. Noch haben wir nicht die Gewissheit, dass die Waren und Leistungen der Zukunft auf die Kernprodukte Information, Kommunikation, Wissen und KnowHow zurückzuführen sind.

Schon längst gucken wir aber nicht mehr so erstaunt drein wie weiland die europäischen Bildungsmanager bei dem Jahreskongress der Versicherer in Lugano, als Dieter Altenpohl von der Universität St. Gallen die obigen Zukunftsprodukte an die Wand beamte. Dennoch, verwundert sind wir schon, wenn die Dresdner Neueste Nachrichten unlängst über einen neuen Internetservice berichtete:
"Achtung! Die fünf schönsten Tage für die Liebe beginnen".
In Kommunikation mit einer Maschine erfahren Paare die richtigen Tage. Besonders Frauen machen dann ein glückliches Gesicht, hat ihnen doch der Internetservice ‚Zappybaby' die nervige Rechnerei zur Feststellung der fruchtbaren Phase – gilt für 50 Prozent, die anderen 50 Prozent wollen die unfruchtbare Phase wissen - abgenommen. Danach ist die Kommunikation einen Takt gelassener.

Erleichtert ist sie auch bei der Bewerbungsakquise, nachdem man sich im Internet über eine attraktive Firma kundig gemacht hat. Wie alles im Internet muss das nicht mit viel Lesen auf Vorrat geschehen. Ein Willkommen für die mit nicht so dollem Langzeitgedächtnis!
Das bedeutet – bei den Ablenkungen heute – für jeden!
Grossunternehmen und einige wenige KMU, die kleinen und mittleren Unternehmen, führen seit geraumer Zeit Kommunikation auf einer neuen Ebene, in dem sie sie als ‚Unternehmenskommunikation' institutionalisieren. ThyssenKrupp umschreibt den Funktionsbereich Kommunikation so:

„Kompetenz und Qualität, Innovationsfähigkeit und Globalität des ThyssenKrupp Konzerns weltweit zu kommunizieren, gehört zu den Zielen unserer Arbeit.
Wir verstehen uns hierbei als Moderator und Motor der internen und externen Kommunikation. Vor diesem Hintergrund sind insbesondere die Erarbeitung von Steuerungsinstrumenten und Definition von Kommunikationsinhalten Schwerpunkte unserer Arbeit. Sie ermöglichen es unabhängig von branchenspezifischen Zielsetzungen und Zielgruppen der unterschiedlichen Konzernunternehmen den ThyssenKrupp Konzern als Verbund wahrzunehmen, die Integration aller Unternehmen sicherzustellen und eine eindeutige Positionierung gegenüber dem Wettbewerb zu gewährleisten.
Die Kommunikationsarbeit ist daher nicht Selbstzweck, sondern stellt einen Wettbewerbsfaktor dar und trägt unmittelbar zur Erhöhung des Unternehmenswertes bei."
So weit ThyssenKrupp!
Bei den meisten Unternehmen zeigt sich in der Institutionalisierung von Kommunikation ein ähnliches Bild der Struktur und was es unter diesem Sachbegriff zu subsumieren gilt. Zumeist werden Investor Relations, Presse und Unternehmenskommunikation zu einem Bereich gebündelt.
Der Bereich der externen Kommunikation ist dabei klar geregelt. Er konzentriert sich auf Investor Relations (Aktionärs- und Analysteninformation) sowie auf die Wirtschafts- bzw. Finanzmedien (Bilanzpressekonferenzen, Pressemitteilungen zu aktuellen Entscheidungen und Kooperationen, Beantwortung von Presseanfragen u.a.m.).
Dagegen ist die Umschreibung, was die interne Kommunikation alles erfasst, noch im Werden. Ein grosser Versicherer nennt die Mitarbeiterzeitschrift.

Bei meiner Nachfrage wird mir auch bedeutet, dass die externe Kommunikation den vorrangigen Stellenwert hat angesichts der grossen Bedeutung von Investor Relations.

„Nach wie vor zählen Analysten zu den wichtigsten Ansprechpartnern unseres Bereichs."

Noch viel Arbeit, um Kommunikation zentral zu plazieren oder ‚Alles ist im Fluss'!

Das kennen wir schon von den alten Griechen.

Glauben Sie nicht, dass Kommunikation je aufhört, wohl, dass sie schon mal abreisst. Wie Vorstandssprecher Claus Lerpscher von der Volksbank Düsseldorf-Neuss lapidar und mit zugleich reicher Erfahrung feststellt:

„Man sieht sich im Leben mehrmals".

Net*working* praktizieren

MODERNES NETWORKING

Diese Geschichte verlangt nun wirklich der Länge nach erzählt zu werden, erleben wir uns doch hier weniger im Märchen als im allzu bekannten Business.

Es war einmal ein Bauer, der hatte vielerlei Federvieh. Die Hühner gackerten und liefen herum, sie legten Eier und pickten Körner und des Nachts schliefen sie auf der Stange. Die Enten watschelten über die Wiese, verschmähten nie ihr Futter und legten schöne dicke Eier. Die Gänse marschierten herum, schrien und sorgten dafür, dass niemand unbefugt den Hof betrat, und sie legten schöne grosse Gänseeier. Der Bauer hatte genug Körner, um sein Federvieh zu ernähren, und stets genug Geld, weil er die Eier verkaufen konnte. Und er liebte alle seine Tiere und war recht stolz auf sie.

So vergingen die Jahre, und der Bauer und sein Federvieh waren zufrieden. Eines Tages jedoch kam eine Hungersnot und der Bauer hatte nicht mehr genug Korn, um seine Hühner, seine Enten und seine Gänse zu ernähren. Die Menschen hatten nämlich nicht mehr genug Geld, um seine Eier zu kaufen. Und er nahm das Messer und sprach zu sich in seiner Not: Was soll ich tun? Soll ich zuerst die Gänse schlachten, damit wir nicht verhungern? Oder soll ich zuerst die Hühner zum Braten herrichten oder zuerst die Enten? Wir alle haben nicht mehr genug zum Leben.

Und wie er so grübelte und nicht mehr aus noch ein wusste, kam eine Fee daher und sprach:
„He, Bauer, was sitzt du da so traurig und hältst das Schlachtemesser in der Hand?“
„Ach du gute Fee“, sagte der Bauer, „ich habe bald kein Futter mehr für meine Tiere und auch selber nichts zu essen. Ich werde sie alle schlachten müssen, sonst werden sie und ich dazu verhungern.“ Da antwortete die Fee und sprach:
„Gehe zu den Gänsen, öffne das Gatter und bringe ihnen bei, wie man fliegt. Sie werden davon fliegen und eines Tages zurückkommen, und sie werden dir und den anderen Tieren das Leben retten.“
Der Bauer schaute verwundert drein, und schon war die Fee verschwunden.
So legte er das Messer zur Seite und sprach zu seinen Gänsen:
„Ich mache euch das Tor auf, und dann macht euch auf und fliegt davon!“ Die Gänse antworteten ihm:
„Aber warum sollten wir davonfliegen, es geht uns doch gut bei dir! Und ausserdem können wir gar nicht fliegen.“
„Lernt fliegen,“ rief der Bauer, „ich kann euch nicht mehr versorgen. Wenn ihr nicht davon fliegt, muss ich euch schlachten“.
Am nächsten Tag nahm der Bauer die klügste Gans zu sich und sagte:

„Liebe Gans, kennst du deine Flügel?“ Die Gans schaute suchend an sich herunter und sagte dann:
„Ich glaube schon“.
„Weisst du, wie du sie bewegen kannst?“ Sie probierte ihre Flügel zu bewegen, erst langsam, unrhythmisch, unbeholfen.
„Mach weiter“, sagte der Bauer, „lerne fliegen!“.
Und die Gans übte und übte, und plötzlich konnte sie fliegen. Zunächst ein paar Meter, dann auf das Gatter, von dort aus zurück auf den Hof und so ging das hin und her, bis sie endlich am Abend über dem Hofe ihre Kreise zog.
Die anderen Gänse hatten sie beobachtet, und so begannen auch sie mit ihren Flugübungen. Am nächsten Tag hatten zehn weitere Gänse das Fliegen gelernt. Nach drei Tagen konnten bald hundert Gänse fliegen, aber die anderen wollten es nicht probieren und sprachen:
„Wir wissen nicht, was uns da draussen erwartet, lasst uns doch lieber alle hier bleiben!“ Aber die Gänse, die das Fliegen gelernt hatten, zogen noch einige Runden über den Hof und waren dann verschwunden. Der Bauer schaute ihnen hinterher und wusste nicht, ob er froh oder traurig sein sollte.

Wenig später bekam er wieder ein wenig Korn angeliefert, so dass er die Tiere, die zurückgeblieben waren, versorgen konnte. Keins wurde satt, doch es musste auch keins sterben. So ging das weiter, Tag für Tag, Woche für Woche. Das Federvieh wurde immer magerer und der Bauer auch.

Eines Tages hörte er ein Geschnatter über sich und schaute nach oben. Da sah er seine Gänse, denen er das Fliegen beigebracht hatte, wie sie über seinen Hof kreisten. Sie waren alle gut genährt. Mit kräftigen Flügelschlägen zogen sie ihre Runden. Endlich liessen sie sich nieder und hatten in ihren Schnäbeln üppige Ähren.

„Ja wo kommt Ihr denn her?“, rief der Bauer verwundert aus.
„Von dort, hinter dem See“, so antworteten sie, „da ist ein Wald, und hinter dem Wald ist ein Land, da wächst Getreide in grossen Mengen.“ Kaum waren ihre Worte verklungen, erhoben sie sich wieder und verschwanden.

Der Bauer aber machte sich gleich auf, um das fruchtbare Land zu finden. Und er fand Getreide im Überfluss und fruchtbaren Boden, und so fand er für sich und sein Federvieh, das nicht fliegen gelernt hatte, wieder ausreichend zu essen.“

Margot Abstiens von der Hildener Beratunggesellschaft für Unternehmensentwicklung stellte mir dieses Märchen zum Abdruck zur Verfügung. Lachend berichtete sie mir:
„In meinen Seminaren hat damit jeder verstanden, was Networking ist.“ Da könnte sich „Mit bestem Gruß von der Alster“ Jochem Neysters von der Hamburger Marketingagentur gleichen Namens ohne weiteres anschliessen:
“Ich glaube fast leidenschaftlich daran und sehe immer mehr, dass die ‚Zeit reif dafür ist‘. Nur so können ICH AGs und Firmen zukünftig Ihren Geschäftsbedarf kontinuierlich und in wirtschaftlicher Form sichern und zugleich umfassendere Kompetenzen als die eigene Kernkompetenz.bieten.“

Wenn mit Networking fliegen lernen, klug sein und genug zu essen haben möglich ist, ja – ja, warum praktizieren wir es so wenig?

Wir hörten im Kapitel 4 von der Düsseldorfer Netzwerkmotivatorin Karin Nell und der praktizierten Netzwerkarbeit im Sozialbereich. Dort klappt's ja offensichtlich. Dabei können die von Nell skizzierten Phasen dem Essayleser jetzt nach Kenntnis der Leitthemen nicht mehr fremd sein. Ich nenne sie noch einmal:

1. Phase: „Ich für mich!“
2. Phase: „Ich mit anderen für mich!“
3. Phase: „Ich mit anderen für andere!“
4. Phase: „Andere mit anderen für mich!“

Und das „soziale Kapital“, dass für jeden im Netzwerk entsteht, entspricht doch – das lehrt uns auch das Non-Profit-Marketing – dem Kommunikationskapital oder auch direkt dem Finanzkapital im Business-Networking.

„Gründet Netzwerke!“
Dieser Aufruf ist die passende Konsequenz. Der uns bereits bekannte Klaus Brandner MdB steht dafür.
„Sie meinen, so müsste es allerorten von den Dächern schallen?“
Er grinste:
„Ja, warum nicht?“

Der uns ebenfalls bekannte Banker Claus Lerpscher drückte es im Interview so aus:
„Networking ist das beste was man tun kann. Es ist auch die beste Versicherung der Arbeitsuchenden.“

Brandner und Lerpscher deuten an, dass es uns nicht mehr um den einen geht. Ob Betriebsangehöriger oder Arbeitsuchender, von nun an geht es um die Gestaltung und den Betrieb eines arbeitenden Netzes.
Es darf zahlenmässig überschaubar sein, und es werden nicht alle am Networking teilnehmen – gerade wie uns die Gänse es vormachen. Das Moderne Märchen zeigt auch, das Networking keine komplette Aufgabenübernahme und keine totale Hilfe ist.

Networking praktizieren heisst Anstösse, Anschübe geben, um danach wieder seinem gewohnten Tun nachzugehen.
Unseren Zielpersonen muss es in diesem Netzwerk möglich sein, die geeigneten Ressourcen zur Unterstützung ihrer aktuellen Aufgaben abzurufen und am Ball zu bleiben, was die Aussicht auf künftige Aufgaben betrifft.
Das Unternehmen als solches tut auch nichts anderes. Aber das tut es: Es verteilt seine Leistungen auf mehrere bzw. viele Schultern innerhalb des Betriebes und zusätzlich auf externe Einrichtungen.
Das gepriesene Netzwerk muss offen sein für eine weite Range von Berufsorientierungen, denn betriebliche Aufgabenstellungen richten sich nicht nach akademischen Disziplinen oder dem einmal Erlernten.

Auch wird die Teamarbeit ein Plus an Substanz erfahren, weil der Blick über den Tellerrand und damit das Verständnis für den anderen zum normalen Arbeitsalltag wird. Der allzu leichten Delegation von Aufgaben – als Teamschwäche weithin bekannt – wird Einhalt gegeben werden, da das Denken und Schauen innerhalb des individuellen Prioritätenmanagements neuen Spirit erfährt.
Dieser wird auch die Arbeitspartner im virtuellen Verbund bei der Lösung von Problemstellungen beflügeln.
Durch den Einbezug von Fachfremden ins Networking eröffnen sich mit den neuen Sichtweisen Erkenntnisse und Lösungen ganz neuer Art.

Mit ‚Networking praktizieren' entsteht ein Spektrum für Prosperität, für Mitarbeiter und für potenzielle Mitarbeiter wie für die Unternehmen. Das lässt Möglichkeiten wachsen für Allianzen ganz verschiedener und jeweils passender Art.
Aus Marketingsicht würde sich ein Riesengeschäftsfeld öffnen, wenn Mitarbeiter ihr Erfahrungswissen über die Bedürfnisgegebenheiten

beim ‚alten' Arbeitgeber mit denen beim ‚neuen' in Korrespondenz treten lassen und somit Problemlösungen für die eine oder andere Seite, natürlich auch für beide, in den Blick nehmen würden.
„Ein interessanter Gedanke",
stellt Maria Schönauer von XEROX zustimmend fest, „weil der Personenkreis bestens die Situation und damit die Bedürfnisse des neuen und des ehemaligen Betriebs kennt. Ich glaube aber, wir sind noch nicht reif dafür.
Denken Sie nur an den Vertrag mit dem Mitarbeiter. Da wird ihm im Grunde mit der Geheimhaltungsklausel untersagt, noch einen Gedanken an sein altes Unternehmen zu verschwenden.
Das umzudrehen und den Allianzgedanken zu vertiefen, das wäre ein Paradigmenwechsel.

„Allianzen werden in Zukunft eine grosse Bedeutung haben; sie sind aber nicht nach dem Geschmack der meisten." Auch Prof. Meinhard Miegel - Sie hörten schon von ihm, bringt in seiner generellen Betrachtung des Allianzgedankens Skepsis zum Ausdruck:

Das hat etwas mit den Strukturen von Organisation in Deutschland zu tun, wie ein kurzes Abgleiten aus dem Miegel-Interview in Bonn in die Theaterwelt zeigte:
In Deutschland haben die Theater meistens bestehende Ensembles, was bei Intendantenwechsel (wo der neue gern seine ‚alten' Leute am neuen Spielort um sich haben möchte) immer wieder zu intensiven Auseinandersetzungen und zu dramatischen Kündigungen mit kräftigen Abfindungen führt. Zu Shakespeare's Zeiten war das anders, da gab es die lokalen Theater und die Ensembles als getrennte ‚Einrichtungen'.
Alte Zeiten!

Doch – genau so ist die Theatersituation hier und heute in unserem Nachbarland Belgien, zum Beispiel! Belgien kennt keine Auseinandersetzungen und Kündigungen.

ExWirtschaftsminister Ernst Schwanhold befürwortet das Networking praktizieren und hält es für unerlässlich „gerade für den global arbeitenden Mittelstand, noch herrscht aber die Philosophie vor ‚Nicht zu viel von sich preisgeben'. Diese Blockaden müssen schnell überwunden werden. Es gilt also für alle Partner win-win-Situationen zu schaffen."

Diese Mittelstandserfahrung erinnert mich doch sehr stark an meine Erfahrungen mit arbeitsuchenden Akademikern im Zuge von Qualifizierung und Vermittlungsvorbereitung. Glaubhaft win-win-Situationen zu propagieren ist wahrlich keine leichte Aufgabe. Aber der ExMinister hat recht:
Ran müssen wir auch da – und nicht locker lassen!

KAPITEL 7

Der Neuanfang – mehr als einmal im Leben

‚Thesen für den Neuanfang', so heisst's im Titel dieses Essays. Aber bin ich beim Neuanfang wirklich Subjekt?
Gut, ich bin's, der neu anfangen will.
Drum werde ich das jetzt mit aller Konsequenz tun!
Ich fahre morgen in unser Nachbarland, Richtung Genf. Ab Grenze werde ich mich Monsieur Personne nennen.
Es ist morgen.
Prompt schaut eine Grenzerin in meinen Reisepass, vermisst wohl den Bart.
„Sie sind Herr Niemann?"
„Nein, ich bin Monsieur Personne!"
Was dann geschieht, können Sie sich vorstellen:
Mir wird von der Obrigkeit deutlich gemacht, dass ich nicht der Souverän bin. Meine Entscheidungshoheit für mich und meinen Namen hat der Staat.
In der Disputfolge wird mir klar, dass ich bei meinem Bemühen um einen Neuanfang stets mit einer Gegenmacht zu rechnen habe, nicht nur an der Schweizer Grenze.

Die Macht des Gegenübers kennen Sie von den Bewerbungsgesprächen. Das fängt an, wenn Sie im Vorzimmer des Chefs zum Warten aufgefordert werden. Sie hatten einen langen Weg.
Werden Sie fragen, wo Sie sich hinsetzen können oder sich kommentarlos auf den freien Bürostuhl hinter dem nicht besetzten zweiten Schreibtisch setzen?
Na?
Ganz schön eingeschränkte (Business-) Weltverhältnisse!

Ich habe mich vor einem Jahr für eine kleine Freiheit entschieden:

Bei eMails und jederart von Briefen beginne ich mit ‚Bester Herr‘ oder ‚Beste Frau‘, auch und besonders bei völlig neuen Kontakten. Üblicherweise heisst es ja sonst ‚Sehr geehrter Herr‘ und ‚Sehr geehrte Frau‘.
Und siehe da!
Ich werde als Mündiger behandelt, meine kleine Freiheit wird erwidert, meist mit ‚Lieber Herr N.‘ oder ‚Hallo Herr N.‘, auch bei Erstkontaktantworten.
Es gibt sie noch – die Neuanfänge!

Auch für Ältere die Arbeitsplätze!
Bei HG (54) ging eine Anfrage ein, ob er denn für das Angebot eines neuen Arbeitsplatzes offen sei. Er überlegte mit seiner Frau, ob er den Wechsel wagen sollte. Die Aufgabe war reizvoll. Er sah für sich die Chance, noch einmal eine Pioniertat zu vollbringen, mit dem Aufbau der deutschen Organisation eines internationalen Verkehrsverbundes. Die Bezahlung war ok, vor allem die Erfolgsprämie mächtig. Ach, da war noch sein Beamtenstatus, den er hätte aufgeben müssen. Das Risiko, dass es nicht klappen könnte, bereitete ihm nicht wirklich Kopfzerbrechen.
HG ging mit sich in Klausur. Er nahm das Angebot an und wird zu Jahresbeginn an neuer Stelle neu beginnen.
Ausschlaggebend, dies zu tun, war für ihn, dass der neue Arbeitgeber in keinster Weise sein Alter thematisiert hatte und ihn – gerade ihn – mit seiner Erfahrung von dreissig Jahren haben wollte.
Das war Motivation par exellence und danach kein Thema mehr, dem Beamtenstand und der damit ach so sicheren Pension adé zu sagen.

Hier sieht man's wieder: Es kann passieren, dass die Kompetenz der Älteren den Jüngeren keine Chance lässt!
Die Regel ist das nicht, eher die Ringeltaube.

Nur noch wenige Betriebe beschäftigen Mitarbeiter über Fünfzig.
Dabei zeigen nicht nur HG sondern die Seniors und die Future Seniors landauf, landab, was Lebens- und Berufserfahrung einbringen kann.
Wobei es die Mischung ist, die den Erfolg ausmacht!
Zu den Erfahrungen, auch der sozialen Kompetenz der Älteren, gehört die Dynamik und Risikobereitschaft der Jüngeren.

Dem Alter gehört die Zukunft!
Ein Janus-köpfiger Satz!

Wegen der Rentenreform ist die Beschäftigung mit dem Alter, mit den Älteren eins der Zugthemen, das Zukunftsthema. Vor der schon immer gewussten Zuspitzung in der demographischen Entwicklung kann sich keiner mehr verstecken.
Aber genauso zeichnet sich an der demographischen Entwicklung ab, dass nicht genügend Know-how von unten, von den Jungen nachwächst und man auf die Alten, die Älteren angewiesen ist.
Naturgemäss werden wir mit dem Zeitpunkt zu rechnen haben, an dem – analog dem Bewusstmachen der Rentenproblematik - ein Umdenken zwingend ist. Die Statistik der Sterblichkeitsraten und der Fruchtbarkeitsziffern eröffnet uns keine Chancen, den jetzigen Zustand des AntiAging auch nur über das erste Jahrzehnt dieses Jahrtausend beibehalten zu können.
Und wenn sie nicht umdenken, die Präferierer der jungen Dynamik, dann sind sie bald weg vom Fenster!
Es klingt wie ein frommer Wunsch. Es soll aber noch nicht einmal ein böser sein.

Eine Klasse, die des TOP-Managements in den Grossunternehmen und die Familienunternehmer selbst, sind vor dem Phänomen >ge-

gen alle Erfahrung< offenbar gefeit. Keiner weiss es besser als die Leute an der Macht, wieviel Macht im Unternehmensspiel ist.
Die gilt es zu sichern.
In meiner langjährigen Konzerntätigkeit und in Untersuchungen mittelständischer Familienunternehmen konnte ich ein Bündnisphänomen feststellen:
Man verbündet sich mit Zuarbeitern aus der jüngeren Generation und vernachlässigt die mittlere, die dann von Selbstzweifeln geplagt wird, sich im Karriereverlauf schwer tut und nicht selten in die innere Emigration geht.

Für die an diesem Punkt Angekommenen können die Leitthemen des Essays wegweisend sein. Das bedeutet, jene Maxime sind nicht nur geeignet als Hilfe und Massstab für die Arbeitsuche sondern für jeglichen Neuanfang schlechthin, gleich wer wir sind und wo wir stehen – und wenn's wie das Kaninchen vor der Schlange ist.

Denn es gilt auch für den Firmenchef, wie den mittelständischen Unternehmer Dr. Weßling aus dem Münsterland - Sie hörten schon von ihm, der nicht ausser acht gelassen haben will:
„Stets muss ich mich als Unternehmer fragen:
Bin ich noch fit genug, neue Themen aufzunehmen, an neue Märkte heranzugehen?"
Dies gilt es sich zu versichern vor der generellen Fragestellung, wie Norbert Scholz, der Ihnen auch schon bekannte Mittelständler vom Niederrhein, es formuliert:
„Wo mache ich denn zukünftig mein Geschäft?"

Überhaupt setzen deutsche Führungskräfte in Krisenzeiten auf Soft Skills wie Sozialkompetenz und Vertrauensbildung. In einer Managerbefragung durch die BadHarzburger Akademie für Führungskräfte waren über fünfzig Prozent der befragten Manager der Meinung, dass Begeisterungsfähigkeit und Belastbarkeit sehr wichtige Eigenschaften sind, die eine gute Führungspersönlichkeit auszeichnen sollte. Herausragend noch die Einschätzung von ‚Wahrhaftigkeit' als sehr wichtige Eigenschaft; sie hatte sogar noch ein paar Prozentpunkte mehr.

Autorität hat dagegen ausgedient *:

Nur acht Prozent der Manager zählen diese Eigenschaft zu den wichtigsten Charakterzügen einer guten Führungskraft. Allerdings räumen doch mehr als zwei Drittel selbstkritisch ein, dass sie gerade in schwierigen Zeiten dazu neigen, autoritärer zu führen.

* Erlauben Sie hier ein Sternchen, denn das glaube ich nicht. Bezeichnenderweise kommt ja mit dem nächsten Satz auch gleich eine Einräumung.

Meine Erfahrung ist anders und wurde in den zum Thema durchgeführten Interviews bestätigt. Der Messemanager Dr. Coenen, den Sie schon bei seiner metapherigen Darstellung von Kooperationen mit ‚Die Teenager und die Liebe' kennenlernten, sagt es auch hier wieder blumig, besser: viehig:

„Das Vieh gedeiht am besten unter den Augen des Herrn!

Das heisst, Führung ohne Hingucken geht nicht."

Da fällt mir ein, in dem von mir dargestellten Grossraumbüro mit Chefs inclusive, das mir Friedrich-Wilhelm Rennen bei Ferrostaal vorgestellt wurde, guckt jeder zu jedem.

Noch mal zur Harzburger Befragung: Neunzig Prozent der Befragten sind mit ihren eigenen Leistungen zufrieden oder sogar sehr zufrieden, heisst es in der Akademiestudie. Was eigentlich nicht zu hinterfragen war, denn keiner zweifelt dran!

Wäre ja auch noch schöner, als Interviewter einen Beitrag zu leisten, damit die Welt hellhörig wird über missliche Leistungen von einem selbst!

Die Führungskräfte haben ihr Paket zu tragen, und die Mitarbeiter nicht minder, in biblischer Tradition nach Paulus ‚jeder trage seine eigene Last'.
‚Der eine trage des anderen Last' steht auf der gleichen Seite in der Bibel.
So ist das mit der Welt grösstem Widerspruchswerk, es ist eben die exakte Widergabe unseres menschlichen Zusammenlebens. Unser Miteinander ist ja nun wirklich – ich höre kein Widerwort – alles andere als widerspruchslos.

Dennoch – für entscheidende Impulse werden wir auf einem verbindenden Fundament aufbauen. Die skizzierte Orientierung kann selbstverständlich nicht für eine Person allein greifen, wenn auch die eine Person bei sich selbst anfangen muss. Wie ein Unternehmen seine Leistungserbringung mit vielen Köpfen erledigt, hörten Sie schon. Dem stehe ich als Arbeitsuchender und genauso als Mitarbeiter mit meinen ganz persönlichen Interessen gegenüber.

Solcherart Mitarbeiter (vorhandene wie potenzielle) bedürfen eines Networking als eine praktizierende und lernende Einrichtung. Es korrespondiert mit dem neuen Verständnis von lernenden Unternehmen und überhaupt dem lebenslangen Lernen.
Zu letzterem hat die Arbeitspraxis schon längst zugeschlagen und Lernforderungen auf realistische Höhen gestellt.

Einmal, dass Lernen nie aufhört (bei der Variabilität der Wissens- und Arbeitsfelder).
Dann, dass Lernen jahrelang auf Vorrat nicht das Gelbe vom Ei sein kann (bei der technologischen Umschlagsgeschwindigkeit).

Zwischenzeitlich hatte sich – viele Zeitalter lang – die Wissenserlangung als Einmal-Zu-Tun-Phänomen eingeschlichen. Möglicherweise

ist es noch eine Nachwirkung der Stände und Zünfte, wo man nach einer Lernzeit als Lehrling ausgelernt hatte, ggf. noch den Meistersprung machte. Dann war es aber aus mit dem Lernen.
Viel früher, in römischen Zeiten, war das noch anders:
Scientia bedeutete nicht nur Wissen und Wissenschaft sondern auch Reflexion über das Wissen, eben die Einsicht in die zu wissenden Dinge des Lebens. Da hört man doch schon das Prüfen an der Praxis heraus.

Die entscheidenden Impulse scheinen vernunftorientiert zu sein. Da wären wir wieder bei Kant und den anderen.
Es kommt auch aus den Statements zu Businessimpulsen in Kapitel 9 heraus. Das überrascht mich. Das heisst, andererseits auch nicht, wenn ich an meine frühere Auffassung dazu denke. Doch in den letzten Jahren hatte ich mich darauf eingestellt, der emotionalen Kompetenz einen höheren Stellenwert auch im Businessbetrieb einzuräumen.
Irritiert wurde ich von den vielen Gesprächen mit Arbeitsuchenden, die begeistert von Seminaren zur Stärkung der sozialen Kompetenz zurückkamen. Es brachte Ihnen aber wider Erwarten nicht den entscheidenden Pluspunkt in Bewerbungen. Ich denke hier an UM.
In seinem Mail im Frühjahr schrieb er:

„Bester Karl,
HM hatte das Führungstraining ‚Emotionale Kompetenz‘ dort bereits im letzten Herbst mitgemacht. Ich bin gerade dabei, das auch zu erleben. Insgesamt muss ich sagen, dass ich jeden in Leitungsfunktion (oder auch im Umgang mit anderen Menschen) bedauere, der die dort gelehrten Möglichkeiten und handwerklichen Tricks bei den Themen: Gesprächsführung, Präsentation, Verkaufen und Verhandlungsführung sowie Moderation nicht nutzt.

Ich glaubte vorher das zu können und deshalb nicht zu brauchen. Jetzt beginne ich zu erkennen, wieviel ich bisher verschenkt bzw. nicht genutzt habe! Das berufsbegleitende Training ist wirklich sein Geld wert, zumal es noch vom Land Sachsen und vom Europäischen Sozialfonds unterstützt wird.
Beste Grüsse aus Sachsen UM"

In seinem Mail im Frühsommer beschreibt UM, was wirklich bei der Joberlangung wirkt:

„Lieber Karl,
arbeitssuchend zu sein, ist hier im Osten nicht unbedingt zum Hurraschreien geeignet. Ich hatte in der vergangenen Woche zwei Angebote als Verkaufsleiter bis kurz vor Vertragsabschluss und war damit schon wieder überoptimistisch, was ich normalerweise auch sowieso von Natur aus bin.
Der eine Job war für mich erledigt, als ein anderer Bewerber unter meinem Arbeitslosengeld bereit war zu arbeiten. Der andere Verkaufs-Job erledigte sich, als der Unternehmer den mit mir geplanten Verdrängungswettbewerb gegen seinen Konkurrenten (durch eine Vereinbarung mit diesem) nicht mehr durchführen musste. Inzwischen habe ich das Training in Emotionaler Kompetenz für Führungskräfte erfolgreich absolviert. Bis Dienstag läuft noch ein Crash-Kurs Englisch. Dann bin ich sofort verfügbar und übrigens auch nicht mehr Arbeitslosengeld-Empfänger. Arbeitslosenhilfe steht mir nicht zu, da ich mir in der Vergangenheit einiges für die Zukunft aufgebaut habe, was ich erst alles verkaufen müsste. Ist das nicht idiotisch? Für Eure Hilfe oder auch nur hilfreiche Gedanken wäre ich sehr dankbar!
Beste Grüsse nach Essen! UM"

Und wie zur Bestätigung lese ich in diesen Tagen in der Zeitung: „Logik im Beruf wichtiger als Gefühle“.
In der Berichterstattung wird auf das Juli-Symposium des Psychologenverbandes in Berlin verwiesen und gleich auf mehrere Fachstatements für Verstand und gegen Gefühl eingegangen.
„Etliche populäre Bücher über emotionale Intelligenz entbehren jeder Grundlage“, heisst es.
„Die Fähigkeit, Gefühle zu erkennen und mit ihnen umzugehen, sei wichtig, werde aber oft überschätzt.“
In jedem Bildungsangebot von Volkshochschule bis ... wird zur Zeit in Seminaren der Erfolg durch ‚Top in emotionaler Intelligenz/Kompetenz‘ gepriesen.
Falsche Fährte zum Erfolg in Business?
Radio Eriwan:
Im Prinzip ja, aber vielleicht auch nicht!

Was in dieser Crux not tut, ist mal wieder ein Plädoyer, den gesunden Menschenverstand ja nicht verkommen zu lassen.
Im Zweifel mit der Grossmutter oder dem Grossvater sprechen!
Und deren Erfahrungsberichte sacken lassen.

Ich will mich an dieser Stelle hüten, den Einfluss des Gefühls auf den Businesserfolg als weniger gewichtig als den Verstand und die Vernunft zu setzen. Ich neige aufgrund meiner Wissenserfahrungen in der Geisteswissenschaft dazu, das letztere stärker zu gewichten. Karl Popper spricht mir da aus der Seele, wenn er – in Interpretation zu Kants Definition von Aufklärung (der Leser weiss Bescheid) – von der ‚Selbstbefreiung durch das Wissen‘ spricht.

Mein Plädoyer möchte ich mit einer Anleihe an die fernöstliche Kultur auf den Punkt bringen; Sie merken, ich bemühe mich, meine etwaige Parteilichkeit zu relativieren.

Bei dem Deutschlandbesuch des Dalai Lama kürzlich konnten wir es im Fernsehen verkündet hören:
Im fernöstlichen Kulturkreis gilt der Mensch als krank, wenn er aus der Balance gerät. Deshalb untersucht der Arzt nicht nur die schmerzenden Teilbereiche sondern den kompletten Körper des Patienten und bezieht auch die seelisch geistige Ebene mit ein.

Ich ‚spürte' das Zusammenwirken von Verstand und Gefühl, als die eMail von MR (51) bei mir ankam. Ich hatte ihn gefragt, ob er mir ein Statement zu Businessimpulsen senden könne.

„hallo Karl,
ich will mich vor einem statement nicht drücken, aber es fällt mir schwer, eine positive Grundhaltung dazu einzunehmen.
So ein statement berührt die Entwicklung im Innersten, und ich kann nicht einfach so ein paar lockere Worte darüber verlieren, zumal ich noch gar nicht weiss, wohin die Reise geht. Ich weiss zwar (theoretisch), dass es dem Menschen einen enormen Auftrieb gibt, wenn er das verwirklicht, was er im innersten wirklich will, aber was will man denn wirklich, wenn man quasi an den Rand der Gesellschaft gestellt wird bzw. die Bereiche, in denen man sich bisher bewegt hat, einem nun verschlossen bleiben werden.
Man will natürlich überleben und sich verwirklichen. Für viele Menschen ist dieser zweite Teil des Menschseins schon unerreichbar.
Dieser Prozess der gesellschaftlichen Veränderung wirft einen unter anderem doch nur auf die eigenen, persönlichen Wesenheiten und Unzulänglichkeiten zurück.
Man wäre sehr gut mit seinem persönlichen Potential relativ geschützt in dem vertrauten gesellschaftlichen Umfeld alt geworden, wenn..., die Gründe, weshalb das nicht mehr funktioniert, sind sehr vielfältig und haben aber immer auch etwas mit der eigenen Person zu tun.

Ich bin natürlich nicht (bzw.nur sehr eingeschränkt) verantwortlich für globale Entwicklungen und Veränderungen, aber das, was mich letztendlich in dem einen gesellschaftlichen Umfeld scheitern liess, wird auch weiterhin existent sein, und es ist schwer, angesichts der hinzu gekommenen Anforderungen durch die veränderte Stuation, auch diese elementaren Ursachen zu bearbeiten und zu verändern.
Wie Sie sehen, geht schon alleine die simple Frage nach dem "wie geht's" direkt in die "Tiefe der menschlichen Existenz", es geht in der derzeitigen Situation gar nicht anders, dazu stehen viel zu viele Fragen unbeantwortet im Raum.
Es ist für mich schon schwer, auf Fragen zu antworten, die diese Stuation berühren. Bei jeder Antwort stelle ich mir die Frage, welcher von den derzeit existenzierenden Wahrheiten diese nun entspricht, und welchen Sinn es macht, diese oder jene Wahrheit zu bemühen.
Es ist deshalb nicht einfach, weil es mir in einer derartigen Situation wie der jetzigen nicht mehr gelingt, mich auf überschaubare Realitäten (Wahrheiten) oder womöglich auf eine einzige Realität auszurichten und festzulegen, was natürlich die zwischenmenschliche Kommunikation wesentlich vereinfachen würde.
Eine Tragik des "heutigen Menschen" liegt auch darin, dass es vielen Menschen nicht mehr gelingt, in anhaltender tiefer zwischenmenschlicher Kommunikation die eigentlichen existenziellen Probleme zu bearbeiten und zu lösen, die Gründe dafür sind wiederum sehr vielfältiger Natur, unter anderem auch darin zu suchen, dass dem heutigen westlichen Menschen eine derartige Fülle von zusätzlichen Aufgaben zur Sicherung seiner Existenz aufgebürdet wird und gleichzeitig ein immer grösser werdendes Angebot an Zerstreuung und Ablenkung ihn davon abhält.
Ich schliesse mich da ausdrücklich mit ein, allerdings weiss ich auch, dass es einem nur dann gelingt, diese vielfältigen Anforderungen einigermassen zu ordnen, wenn man sein Leben ebenfalls entsprechend "geordnet" hat, womit wir wieder beim Anfang wären.

Ich glaube, ich könnte ebenfalls ein Buch schreiben, allerdings wäre das schon wieder eine Aufgabe mehr.
herzlichen Gruss   MR“
Kommentar:
Auch MR hatte ich nach positiven Akzenten in seiner beruflichen Orientierung gefragt. Wie er es selbst schon bei seiner Antwort auf mein ‚wie geht's?‘ bemerkt, geht MR sogleich in die Tiefen des Menschlichen; er spricht gar nicht von seiner Arbeit im Sinne was er macht, worin er akademisch und beruflich ausgebildet ist.
Ich werde mit ihm persönlich sprechen.
Doch kann ich mir vorstellen, dass Sie, lieber Leser, jetzt den einen oder anderen Punkt, den MR aufwirft, nach-denken und Ihre eigene Situation dagegenstellen.

Ganz mit Bedacht - und angeregt durch MR - möchte ich dieses Kapitel ‚Der Neuanfang – mehr als einmal im Leben‘ mit den letzten fünf Sätzen aus Peter Sloterdijks 1000 Seiten-‚Kritik der zynischen Vernunft‘ abschliessen.
Lesen Sie, wie sich Alles für Neues öffnet:

„Schlechte Erfahrungen weichen zurück
vor den neuen Gelegenheiten.
Keine Geschichte macht dich alt.
Die Lieblosigkeiten von gestern zwingen zu nichts.
Im Licht solcher Geistesgegenwart
ist der Bann der Wiederholungen gebrochen.
Jede bewusste Sekunde
tilgt das hoffnungslose Gewesene
und wird zu ersten einer Anderen Geschichte.“

KAPITEL 8

Die entscheidenden Impulse beim Neuanfang: Was und wer sie sind!

Es gibt sie: Die generell für alle geltenden Impulse, für alle, die ein Problem gemeinsam haben und nach einer Lösung suchen.
Und es gibt Impulse, die erst gut getimed uns bewegen.
Die Impulsgeber spielen eine Rolle, mal mehr, mal weniger. Es mag zuweilen von unserer Bekanntschaft zu ihnen abhängen, aber auch von dem was sie sagen – und aus welcher Rolle heraus sie das aussprechen, was uns wichtig ist.
So wird eine Meinung für den einen oder die andere zum Impuls.

Mit unserem Thema haben wir es nun nicht ganz einfach. Da wir uns in einem Paradigmenwechsel befinden – siehe Kapitel 4, kann uns die Umsetzung von Aussagen anderer auf uns selbst noch schwerfallen. Insbesondere dann, wenn ein Ausspruch einen Vorzeichenwechsel erhält.

Viel einfacher mit schnellerer Übersetzung wären Impulse darzustellen - zum Beispiel, die Auskunft darüber geben, was mich in meinem Lebensalltag glücklich machen kann. Ich weiss um den Vergleich, seit ich ein paar Jahre zurück über das ‚Älterwerden und die Erfahrung' in der Reihe *für morgen wissen* schrieb, mit einem Kernkapitel: Die Glücklichmacher: Was und wer sie sind!

Was und wer nun für Sie persönlich die entscheidenden Impulse beim Neuanfang sind, werden Sie selbst am besten wissen, spätestens jetzt, wo Sie schon Kapitel 6 mit den Leitthemen hinter sich und – der eine oder die andere – verinnerlicht haben. Sie brauchen nicht rückblättern,
hier sind sie noch einmal:

- 1 Sich selbst erkennen
- 2 Mündigkeit verkörpern
- 3 Für Partnerschaft offen sein
- 4 Ausschau halten
- 5 Kommunikation führen
- 6 Networking praktizieren

Sie erhalten in diesem Kapitel den Extrakt der EssayStatements der anderen, natürlich nur eine Auswahl, die mir zum Weiterdenken wichtig ist, knapp geschildert und gegliedert nach den vorgenannten Leitthemen.
Nicht immer konnte die Zuordnung reibungslos erfolgen. Nehmen Sie es als vermehrte Chance für sich selbst, sich mit den Leitthemen zu identifizieren. Zum Teil werden die Aussagen sehr konkret, übrigens auch in dem Medienbeitrag in Kapitel 11 ‚Bewerbung leicht gemacht'. Das kann für den einen von Vorteil sein. Für den anderen kann es dagegen eher von Vorteil sein, sehr offene Aussagen zu entdecken, weil diese ihm ALLE Möglichkeiten zur Entwicklung lassen.

In keinem Fall waren die Leitthemen zuvor bekannt gemacht.
Die Absicht war – was die Sichtung der Statements betrifft, in Erfahrung zu bringen, wie nah unsere Leitthemen bereits in den Köpfen der Gesprächspartner verankert sind. Das korrespondiert mit meiner Leitlinie in den Interviews, dass eben jeder meiner Gesprächspartner über ‚seine eigene Geschäftssache' sprechen sollte.
Mir ging es darum,
die Situation des Gegenübers zu erfassen, nicht ein Statement nach dem anderen über eine Gruppe bzw. die anderen Betroffenen zu hören (die vermeintlich nur darauf warten, mit Ratschlägen oder auch Vorwürfen bombadiert zu werden – tun sie ganz sicher nicht!). Wenn die Leitlinie nicht durchgängig ist, seien Sie nachsichtig. Mit Gelas-

senheit sind schon Weltreiche erobert worden, auch Frauen und Männer. Sie können meine Fragestellungen und die Antworten dazu in Kapitel 10 sehen.

Was mein Gegenüber mir als ‚wichtig' zu verstehen gibt, soll – und jetzt sehen Sie meine Marketingherkunft (nicht nur) – Sie verstärkt sensibilisieren, dass bei dem Streben einen Job zu erlangen Sie alles daran setzen, die ‚Denke' des anderen zu erfahren und sich dessen Situation nahe bringen.
Und sich nicht darin einlullen, was Sie alles ‚mitbringen'.
Mitbringsel hat jeder!
Und was KS aus München in Kapitel 6 unangefragt schildert, was sie so alles draufhat, ist ein abschreckendes Beispiel von Fülle.

Die Darstellung ist differenziert in Kernaussagen
→ der Stellensuchenden und Existenzgründer
und in Kernaussagen
→ ihrer Gegenüber *, den Unternehmensmanagern, den Beratern der Arbeitsuchenden und den Interessenvertretern der Verbände und der Politik.

* In einem ersten Schritt hatte ich auch die drei Gegenüber separat mit ihren Stellungnahmen ausgewiesen. Dies bringt nichts; es ist tatsächlich so, dass die o.g. Gegenüber <u>eine</u> Sprache sprechen. Das heisst, wir haben die Bestätigung, dass die Stellensuchenden und Existenzgründer eine Gruppe für sich allein sind; die anderen o.g. Gesprächspartner vertreten den Markt der Arbeitsplatzanbieter – alle!

In Gänze lesen Sie's in den Kapiteln 9 und 10, hier ausführlich mit Differenzierung in die vorgenannten drei Gegenüber, sowie verschiedentlich – wenn's in den Kontext passt - auch in den anderen Kapiteln, vornehmlich in den Reflexions-Kapiteln 4 und 5.

Noch ein Wort zum Nutzeneffekt der Kernaussagen (die Anmerkung machte ich schon mal zum Abschluss von Kapitel 4, erinnern Sie sich?): Dieter Pflanz, der Personalchef der Düsseldorfer Spedition Cretschmar, hat es für sich entdeckt, vielleicht auch von der Tradition bewegt – sein Unternehmen wurde bereits 1836 gegründet. Nicht wenige Leser werden dem zustimmen können.
„Manchmal entdeckt man sich dabei."

Kernaussagen (Auswahl) der Stellensuchenden und Existenzgründer

Zu 1 Sich selbst erkennen

→ Ich bin's. Nicht der andere.
→ Ich spüre den ganz persönlichen Druck.
→ Wenn du nur das beste aus dir rausholst.
→ Ich bin besser geworden durch meine Kündigung.

→ Zuversichtlich bleiben: Ich komm weiter.
→ Wissen, wohin ich will.
→ Am wichtigsten ist für mich: Ich mache, was ich will.
→ Wo, ist nicht so wichtig für mich.

→ Was gefällt mir? Was kann ich?
→ Mein Leben habe ich mehr in eigener Hand.
→ Schnitze das Leben aus dem Holz, was du hast.

Zu 2 Mündigkeit verkörpern

→ Schluss mit dem Bewerbungsmarathon.

→ Ein Produkt oder eine Dienstleistung auf dem Markt kritisch überprüfen und sich eine Art Qualitätssicherung zu überlegen, so dass man sich mit dem daraus entstehenden Konzept vorstellt.
→ Veröffentlichung eines Produktvergleichs in bestimmten Fachzeitschriften könnte ein Mittel sein, sich bekannt zu machen.

→ Ein eigenes Büro eröffnen.
→ Gefeuerte, die es ihren alten Arbeitgebern zeigen wollen.
→ Risiko ist die Bugwelle des Erfolgs.

Zu 3 Für Partnerschaft offen sein

→ Selbst erfahren, was direkte und indirekte Nutzenpotenziale sind.

Zu 4 Ausschau halten

→ An der Zukunft arbeiten.
→ Man darf die Hoffnung nie aufgeben.
→ Zeit nutzen für Neuorientierung.
→ Suche nach neuen Ideen.

→ Es muss etwas anderes erfolgen.
→ In seiner sog. Arbeitslosenzeit hatte er bis zum Gehtnichtmehr für die künftige Selbständigkeit gearbeitet.
→ Die Idee, ins Ausland zu gehen.

→ Leerzeiten zwischen Studium und Berufsanfang haben ihn befähigt, seine Berufswahl auf sich zuzuschneiden
→ Kann ich derzeit feststellen, dass es sehr viel Bedarf am Markt gibt.

Zu 5 Kommunikation führen

→ Ich werde aktiv.
→ Niemals abwarten, immer persönlich nachfassen.

→ Neues Arbeitsfeld anpacken, auch ausserhalb von Sicherem.

→ Er sieht seine Beratungsaufgabe als Mission.
→ Erst die Liebe zu meiner neuen Freundin gab mir die Kraft immer wieder weiter zu machen und meinen Weg zu gehen.

Zu 6 Networking praktizieren
→ Erst mal habe ich den Job.
→ Es ist nicht mein Traumberuf, aber ich kann jedenfalls einen Job haben
→ Wenn alle Stricke reissen, mach's unter deinem Niveau.

→ Er hat den Job ‚wiedergefunden', den er schon mehrfach erfolgreich ausgefüllt hat.
→ Wenn du es wirklich willst, warum hast du es noch nicht?

Eine Kommentierung bleibt an dieser Stelle aus.
Es reizt mich zwar, zu Qualitativem und Quantitativem Stellung zu beziehen. Doch ich möchte es nicht überzeichnen, damit das Stimmungsbild bestehen bleibt und zu einem Impuls werden kann – getreu dem Hinweis „Manchmal entdeckt man sich dabei", oder es fällt einem wie Schuppen von den Augen, dass man nicht dabei ist!

Kernaussagen (Auswahl) des Gegenübers, der Unternehmensmanager, der Berater und der Interessenvertreter

Zu 1 Sich selbst erkennen
→ Eigenen Weg suchen.
→ Zuallererst gilt es nüchtern zu fragen: Ist es nicht eine Denkblockade? Erlegen wir uns einen restriktiven Rahmen nicht selbst auf?

→ Manchmal entdeckt man sich dabei.
→ Man muss überlegen, wie würde ich mich selber verhalten.

→ Chancen können sich aus jeder Krise ergeben.
→ Erst den Ernst der Lage erkennen, dann Reformen einleiten.
→ Die Unternehmen können selbst die Zukunft gewinnen.

→ Die rasanten Veränderungen können kein Sich Ergeben oder Ignoranz gegenüber der Entwicklung vertragen. Das zwingt zu intelligenten Lösungen auf Unternehmensseite.
→ Die globalen Versicherer werden nach und nach alles in Billiglohnländer verlagern, alles, was nicht Sache des kreativen Managements ist.
→ Man darf nicht auf Eingebungen von aussen warten. Es geht überall mit Eigeninitiative.
→ Man muss zunächst vor der eigenen Tür kehren, dann können wir auch Impulse nach aussen geben.
→ Nicht über die Welt jammern, konkret werden!

Wichtig zu wissen, weil es im Kern dem Leitthema widerspricht!
→ Unternehmer haben keine Ahnung von ihrem politischen Umfeld. Genauso verhält es sich mit ihrem gesellschaftlichem Empfinden.
→ Alles stockt, weil die Bevölkerung mauert.
→ Die Balance ist nicht ausreichend gefunden. Die Schwarzmaler in den Medien haben es auch leicht, wenn Leute in der Politik und anderswo dilettieren

Zu 2 Mündigkeit verkörpern
→ Sich nicht in sein Schicksal ergeben.
→ Krise kann alles sein, aber Chancen auch.
→ Mehr Optimismus versprühen.
→ Mitarbeiter müssen Entrepreneurship im Kopf haben.

- → Unseren mündigen Mitarbeitern haben wir 'rüberzubringen, was für Auswirkungen welche Entscheidung hat. Ähnlich realistisch sollten die Medien berichten.

- → Wir sind ja heute mehr Dienstleister, Erfinder, Designer.
- → Beispiele beweisen nichts, können aber einen Trend in Gang setzen.
- → Positive Ansätze nennen.
- → Positive Meinungen in die Presse bringen.
- → Nach guter Recherche sollte von der Presse eine Aufbruchstimmung verfolgt werden.

- → Wir müssen unsere Märkte und Kunden intensiver pflegen als bisher.
- → Der Export von Dienstleistungen zieht häufig das Produkt nach, dabei sind wir noch zu sehr produktfixiert. Gerade vom deutschen Mittelstand kommen noch zu wenig Systemlösungen.
- → Nicht ‚Vernichtung' der Arbeitsplätze sondern ‚Transfer' steht im Vordergrund. Outsourcing! Die neuen Partnerunternehmen sind mit uns die ...- family.

- → „Auch die Rahmenbedingungen kann ich aufweichen."
- → Der alte Fuchs sagt, wo es lang geht, und der junge setzt es um.
- → Wir legen Wert darauf, dass ein Wort zählt.
- → Souveränität zeigen.

Wichtig zu wissen, weil es im Kern dem Leitthema widerspricht!
- → Unternehmer scheuen stärker als früher das unternehmerische Risiko.
- → Jegliches Unternehmertum ist verlorengegangen; Sicherheitsdenken überlagert alles.
- → Unternehmen im öffentlich-rechtliche Sinne sind Unterlasser.

- → Bei uns gibt es kein Hire and Fire. (!)
- → Die Presse schreibt die Wirtschaft kaputt.
- → Überhaupt wird allgemein viel zu früh auf die Themen negativ eingegangen.
- → Mit negativer Berichterstattung kann keine positive Grundstimmung eingeleitet werden.
- → Es ist so: Man kann Angst erzeugen oder Probleme zukleistern. Medien emotionalisieren in die eine oder in die andere Richtung. Die nüchterne Bestandsaufnahme kommt dabei zu kurz.
- → Die bisherige Art der Berichterstattung hat doch nur zur Politikverdrossenheit geführt.

Zu 3 Für Partnerschaft offen sein

- → An ‚Kathedralen' mitbauen.
- → Wir wollen Zeit für die Kunden haben, wenn die Kunden Zeit haben.
- → Beteiligte zu Experten in eigener Sache machen.

- → Globalisierung wird ohne Verbindlichkeit und Vertrauen erfolglos bleiben.
- → Es gibt noch immer Leute, die meinen, die Niederlande seien wirtschaftlich Ausland. Hier muss mit falschen Denkmustern aufgeräumt werden.

- → Kooperative Lösungen unserer Mitglieder machen wir allen zugänglich.
- → Wir beteiligen uns an einem Überlebensplan, wenn ein Unternehmen auf eine bestimmte Belegschaft künftig verzichten will.
- → Man sieht sich im Leben mehrmals.
- → Bei der Trennung von Mitarbeitern sehe ich positive Effekte, weiter in Kontakt zu sein.

- → Wenn unsere Fachkräfte weg sind, kriegen wir sie niemals wieder.
- → Der Öffentlichen Hand täte mehr Wechsel gut.

- → Ursächlich zahlt nicht das Unternehmen den Lohn oder das Gehalt der Mitarbeiter, sondern der Kunde mit seiner Zufriedenheit.
- → Der Kunde muss zufrieden gehalten werden, nur so kann der Arbeitsplatz erhalten bleiben.
- → Der Lobbygedanken, den die Grossunternehmen umsetzen, muss weitergreifen.
- → Allianzen finden in Zukunft grosse Bedeutung, noch sind sie aber nicht nach dem Geschmack der meisten.

Wichtig zu wissen, weil es im Kern dem Leitthema widerspricht!

- → Familiengefühl muss als Keimzelle dasein; es muss von der Autorität des Chefs her kommen.
- → Ich mache meinen Job. Nur Schwache schwärmen.
- → Mitarbeiter, die aussortiert werden, stehen nicht auf Brücken.

Zu 4 Ausschau halten

- → Für Neues offen sein.
- → Man muss über den eigenen Sprengel hinaus.
- → Ziel ist, eine immer grösser werdende Freiheit zu erreichen.

- → Beobachten und recherchieren wie sich Unternehmen zu welchen Zeitpunkten und zu welchen Ereignissen in der Öffentlichkeit präsentieren.
- → Im Internet nachschauen, was dort von den Unternehmen präsentiert oder auch preisgegeben wird.
- → Markt beobachten, um rechtzeitig Entwicklungen aufzuspüren.
- → Ich muss mich fragen: Wo mache ich denn zukünftig mein Geschäft?

- → Bin ich noch fit genug, neue Themen aufzunehmen, an neue Märkte heranzugehen?
- → Man muss sich der Frage stellen: Was brauchst du finanziell, um zurecht zu kommen?

Wichtig zu wissen, weil es im Kern dem Leitthema widerspricht!

- → Der Unternehmer hat dabei das Problem, dass die Politik nur vage Orientierungspunkte verfolgt

Zu 5 Kommunikation führen

- → Krise kann helfen.
- → Was kann ich aus dem Arbeitsangebot machen? .
- → Angebracht wäre ein offensives Klima, in dem Diskussionskultur herrscht.
- → Der Markt ist grösser geworden, aber nicht transparenter.

- → Die erste Hilfe ist für den Mittler, Verständnis für die unterschiedlichen Entscheidungsgründe zu wecken.
- → Auch Verbände haben neu über ihre Rolle nachzudenken, damit sich Politik und Wirtschaft nicht nur über die Medien die Meinung sagen, was doch niemanden hilft.
- → Unterstützung gebe ich vom Anhören bis zur Hilfe zur Selbsthilfe.
- → Ich kann als Mittler Türen öffnen, weil ich handelnde Personen kenne und anrufen kann. Den Deal muss das Unternehmen allerdings selbst machen.

- → Betrieb ist, wenn man sich regt.
- → Man muss die Stammzelle klein halten.
- → Information ist das A und O.
- → Wichtig ist es, sich auszutauschen. Man muss versuchen, seiner Stimme Gewicht zu geben

→ Heute ist doch jeder Informationsaustausch ein Verkaufsgespräch – überall!

→ ‚Der und der ist schuld', das wird auf den Markt delegiert.
→ Man ist nicht nur auf die Presse angewiesen.
→ Politik und Unternehmen sollen Vorreiter bei Initiativen sein, nicht die Gewerkschaften, auch nicht die Unternehmerverbände.
→ In bestimmten Feldern strategisch arbeiten und da über positive Beispiele berichten.
→ Es gibt Beispiele, wie zahlreiche Handwerker in diesen Zeiten sehr erfolgreich ihr Geschäft betreiben.

→ Die Technik des Internet macht völlig neue Ressourcen möglich.
→ Globalisierung der Arbeit bringt mehr Chancen als Probleme.
→ Globalisierung nicht als Bedrohung, nicht als Keule benutzen.

Wichtig zu wissen, weil es im Kern dem Leitthema widerspricht!
→ Die Verantwortung liegt natürlich bei der Politik, aber ... der Berufspolitiker wird nur echoen, was andere denken, denn er steckt in den Fesseln der Mehrheiten.
→ Zur bewussten Aussortierung haben wir den Flurfunk.
→ Das Gemeinwohl kommt zu kurz, hat keine Lobby.

Zu 6 Networking praktizieren
→ Networking ist die beste Versicherung der Arbeitsuchenden.
→ Der Arbeitsmarkt atmet mit der Konjunktur.
→ Zwar ist bei uns der Einzelne gut, das Entscheidende ist aber das hier eingefahrene Netz.
→ Wir sind als Ganzes stark, vom Pförtner bis zum Vorstandsvorsitzenden.
→ Es entstehen Patchworkbiographien.
→ Wo liegt der Mehrwert, der für das Unternehmen da sein kann?

→ Der Mittler kann Finger in Wunden legen, ohne dass die Zusammenarbeit zwischen den kooperationswilligen Unternehmen gefährdet ist; er kann quasi vorsortieren.

→ Konkret:
Es wird sich ein potenzieller Markt an Maklern auftun, die diese Kooperations- und Allianz-Projekte ausfindig machen und die Unternehmen als ARGE zusammenbringt.

→ Missliche Rahmenbedingungen sind Herausforderung.

→ In der Politik fehlt es an ganzheitlicher Betrachtung; es ist alles nur Flickschusterei.

→ Rahmenbedingungen halten als Sündenbock für eigene Managementfehler her.

→ Mit Rahmenbedingungen kreativ umgehen.

→ Ich beneide schon mal die Amerikaner, die ohne emotionale Bindung vorgehen.

→ Netzwerke können von der Politik oder von der Unternehmensbasis initiiert werden; es kommt auf die Ziele an, die man verfolgt, und auf die Regionen, in denen sie ihre Wirkung entfalten sollen.

→ Gerade die Dienstleister sind nicht auf das Auffangen schwieriger Phasen vorbereitet.

→ Der Ausbildungsverbund mit anderen Unternehmen hat ja schon Bestand; hinzu kommen Allianzen in den Märkten – aber nur, wo sich Produkte ergänzen.

→ Durch ExMitarbeiter initiierte Allianzen sind ein interessanter Gedanke, weil der Personenkreis bestens die Situation und damit die Bedürfnisse des neuen und des ehemaligen Betriebs kennt.

Wichtig zu wissen, weil es im Kern dem Leitthema widerspricht!

→ Ich glaube, wir sind für solcher Art Allianzen noch nicht reif. Denken Sie nur an den Vertrag mit dem Mitarbeiter, da wird ihm im Grunde mit der Geheimhaltungsklausel untersagt, noch einen Gedanken an sein altes Unternehmen zu verschwenden.

→ Netzwerke sind gerade für den global arbeitenden Mittelstand unerlässlich, noch herrscht aber die Philosophie vor ‚Nicht zu viel von sich preisgeben'. Diese Blockaden müssen in win-win-Situationen umgestaltet werden.
→ Die Initiativen aus dem eigenen Bereich werden erfolgreich sein.
→ Für uns als Firma gibt es bereits zweidimensionale Partnerschaften, z.B. im Joint venture und dann, wenn wir Kunden mit ins Gespräch bringen.
→ Inzwischen gibt es KMU, die als kleinere Global Players zumeist auf mehreren Beinen stehen.

→ Engineering the Future!
→ Gründet Netzwerke.

Auch hier wird wie zuvor bewusst auf eine Kommentierung verzichtet.

Die kurzgefassten Statements bekräftigen direkt oder indirekt die von mir aufgestellten Leitthemen und können dem einen oder der anderen konkrete Hinweise über meinen Sechserrahmen geben, von ‚Sich selbst erkennen' bis ‚Networking praktizieren'.
Lassen Sie es nicht dabei beruhen.
Ergänzen Sie meine ‚Vorgaben' mit Ihren Ansichten, Erfahrungen.
Wenn Sie sie mir mitteilen,
werden wir schon bald ein Update zu diesem Essay machen können.

Ergänzungen vom Autor – an dieser Stelle eine zentrale Aussage zum Leitthema:

Zu 1 Sich selbst erkennen

→ Die einzige Zeit, die wir wirklich beherrschen, ist die Zukunft. Sie können wir nach unseren Wünschen formen.

Zu 2 Mündigkeit verkörpern

→ Mündige Gegenüber sagen stets, was sie meinen. Aber sie spielen mit Varianten und fordern den Gegenüber heraus.

Zu 3 Für Partnerschaft offen sein

→ Schlechte Erfahrungen weichen zurück vor den neuen Gelegenheiten. Keine Geschichte macht dich alt.

Zu 4 Ausschau halten

→ Lernen braucht Praxisorientierung und hört nie auf.

Zu 5 Kommunikation führen

→ Arbeite mit wem, wann und wo du willst.

Zu 6 Networking praktizieren

→ Networking praktizieren heisst Anstösse, Anschübe geben, um danach wieder seinem gewohnten Tun nachzugehen.

Schlaglichter sind Schlaglichter, als Stimulanz für oder gegen etwas / jemanden geeignet.
Nicht mehr!
Es ist immer hilfreich (weil erklärend), Aussagen im Kontext zu erfassen. Diese Möglichkeit eröffnet sich Ihnen in den zwei folgenden Kapiteln. In Kapitel 9 sprechen Stellensuchende und Existenzgründer.

In Kapitel 10 erfahren Sie auf der Grundlage eines Fragebogens die Ansichten von Unternehmensmanagern, von Beratern der Stellensuchenden und von Interessenvertretern der Verbände und der Politik.
Kapitel 11 schliesst diesen Kontext mit sieben Medien-Beiträgen.
Aus den bis dahin erfahrenen Ansätzen werde ich in Kapitel 12 – kurz und bündig – sechs Thesen werden lassen. Bis dahin ...

KAPITEL 9

Business für's Leben oder Leben für's Business - Betroffene berichten: „Ich bin besser geworden durch meine Kündigung!"

RB (30) vor 8 Monaten gefeuert als Betriebswirt bei einem Maschinenbauunternehmen „Eigentlich war ich nicht wirklich von der Kündigung betroffen. Wie im Jahr zuvor bin ich den Wintersport gefahren und habe erst mal gar nicht an meine Kündigung gedacht – bis mir mein Personalchef ausgerechnet in der Après Ski-Bar begegnete. Purer Zufall!

5 Jahre habe ich in dem Betrieb gearbeitet. Mit mir haben die 250 Leute entlassen. Als ich das hörte, fühlte ich mich das erste Mal gezwungen über meine Zukunft nachzudenken. Wieder zu Haus landete ich bei dem von meiner Firma angeratenen Vermittlungsbüro, liess Persönlichkeitsanalysen mit mir machen und hatte ein Gespräch mit einer Karriereberaterin. Sie hat mir eine Reihe von Möglichkeiten eröffnet, woraufhin ich mein Leben zum ersten Mal ganz anders gesehen habe. Früher hatte ich höchstens den Gedanken: ‚Wie finde ich möglichst schnell einen guten Job?' Jetzt denke ich: ‚Was gefällt mir?' und ‚Was kann ich?'"

Kommentar:

RB hat sich entschieden, das Angebot einer Bauunternehmung anzunehmen. Er sagt: „Den Job will ich wirklich. Ich muss sagen, ich bin inzwischen an allen Fronten in meiner Lebensauffassung nach vorn gekommen. ***Ich bin besser geworden durch meine Kündigung."***

IM (53) „Ich bin arbeitsloser Architekt, schon länger, seit anderthalb Jahren. Ich habe natürlich nicht nur zuhause gesessen und Bewerbungen geschrieben, sondern es war schon etwas mehr Engagement dabei: mit Fortbildung und Coaching und so, und es hat aber alles nicht zum Erfolg geführt. Deswegen sehe ich einfach, dass vielleicht etwas anderes erfolgen muss."

Kommentar:

5 Monate nach dieser Aussage hat IM ***ein eigenes Architekturbüro eröffnet****.*

JB (27) vor 4 Monaten gefeuert als Internetredakteurin bei einem Verlag:

„Ich schäme mich nicht dafür, dass ich gefeuert wurde. Ist es etwa meine Schuld? Ich musste gehen wegen der Rezession, nicht weil ich schlecht gearbeitet habe. Nerven tun mich die mitleidigen Blicke und Nachfragen: ‚Es geht dir doch gut?' So schlimm ist es nicht. Ich habe ein preiswertes Apartment, muss nicht für Kinder aufkommen. Was könnte mich da also hart treffen? Wenn nötig, gehe ich Zeitungen austragen.

Und wenn das nicht klappt? Das ist doch keine Frage. Wenn du nur ein bisschen das Beste aus dir rausholst, findest du schon Arbeit. Wenn alle Stricke reissen, auch unter deinem Niveau. Wie lange kann eigentlich so eine Rezession anhalten?"

Kommentar:

JB erhielt einen Anruf, ob sie als Assistentin bei einer Fernsehproduktion mitarbeiten wolle – für sechs Wochen. Sie hatte sofort zugesagt. Das ‚danach' war kein Thema für sie gewesen. „Ich nehm's als Chance," meint sie, „bin von Haus aus optimistisch. Bei dieser Ungewissenheit kann man mich naiv nennen, ***aber ich weiss es ganz sicher. Ich komm weiter."***

MH (36) hatte den Niedergang seiner Firma, in der er beschäftigt war, hautnah miterlebt und gelitten.

„Bei meiner Firma ging es schrittweise bergab. Immer wenn ich dachte, jetzt ist die Talsohle erreicht, jetzt geht es wieder bergauf, kam wieder ein Tritt vor den Bug. Die Firma wechselte wieder und

wieder ihren Besitzer. Die Visitenkarten mussten neu gedruckt werden und wieder wurde uns Mut gemacht, dass wir es gemeinsam anpacken. Zum Schluss wurde der gesamte produktive Bereich geschlossen. Es blieb eine Vertriebszentrale einer Muttergesellschaft aus den USA. Die Nachricht hörte ich, als ich aus meinem Urlaub zurückkam, auf meinem Anrufbeantworter. Ein Kollege hatte mich informiert.
Dann begann die Arbeitssuche, die ersten drei Monate noch parallel zu meiner Tätigkeit in meiner alten Firma, denn Arbeit war noch genug da, rein theoretisch war noch so viel zu tun, dass wir Überstunden hätten machen müssen.
Dann - die erste Zeit der Arbeitslosigkeit war noch relativ locker und erholsam. Durch eine Transfergesellschaft geschult war ich guten Mutes, was meine Bewerbungsunterlagen und meine zukünftigen Bewerbungen betraf. Doch mit jeder Absage sank mein Mut. Irgendwann fing ich an, angstvoll auf das Ende der Zeit zu blicken, in der ich noch Arbeitslosengeld erhalten würde. Was würde danach sein? Arbeitslosenhilfe, Sozialhilfe, würde ich überhaupt noch finanzielle Unterstützung bekommen?
Wozu war ich noch nutze, wenn mich keiner haben wollte?
Und dann noch die Drangsalierungen vom Arbeitsamt:
Man wurde zu unsinnigen Vorträgen eingeladen, und man musste erscheinen, nur um zu beweisen, dass man noch für die Arbeitsvermittlung zur Verfügung stand. Fortbildungen wurden immer mehr gestrichen. Und statt der Arbeitslosigkeit den Kampf anzusagen wurde uns Arbeitslosen gedroht.
Immer mehr Auflagen, immer weniger Geld!
Nach acht Monaten ergebnisloser Suche und zahlreichen Vertröstungen, konnte ich dann zwischen zwei Stellen aussuchen!
Nun arbeite ich seit zwei Wochen im Staatsdienst. Hier hat man endlich gemerkt, dass man mit dem ständigen Abbau von Stellen auch nichts gewonnen hat. Irgendwann werden die wenigen noch verblie-

benen Angestellten (und Beamten) überlastet und die Arbeit bleibt liegen. Einnahmen gehen verloren, Arbeiten werden nicht mehr zuverlässig erledigt, der Kundenservice muss in dieser Form mehr und mehr zu wünschen übrig lassen.
Ich hoffe, der Trend setzt sich fort, dass man einsieht, dass **mehr Personalabbau nicht notwendigerweise zu einer Kosteneinsparung führt**."

Kommentar:
Soll man sagen, MH hat Glück gehabt? Eine Stelle im Staatsdienst, für ihn als Diplom-Geophysiker und Fachmann für eLearning mit dem Spezialgebiet SAP! Es gibt vielleicht eine ausgleichende Gerechtigkeit, hatte er doch in höchst intensivem Masse das Auf und Ab seiner Firma miterlebt. ***Erst mal hat er den Job!***

TH (39) „Ich bin seit 11 Monaten arbeitslos und war als Doktor der Chemie im Bereich der Energie- und Umwelttechnik tätig. Ich erhoffe mir durch die Integration in allpha.net*working* einen neuen Job. Da mich das Arbeitsamt nicht mit Vermittlungsangeboten unterstützt - so empfinde ich das - sehe ich darin natürlich eine Chance."

Kommentar:
TH ist ein guter Einstand in befristeten Projektarbeiten gelungen. Sein so angewachsenes Knowhow im Projektmanagement lässt ihn ***zuversichtlich die Arbeitsperspektiven*** *sehen.*

OG (42) vor 2 Jahren gefeuert als Art Director bei einer Werbeagentur:
„Inzwischen macht sich ja keiner mehr was vor, dass wir eine Rezession haben. Für mich begann sie aber schon vor 2 Jahren. Auf meinem Schreibtisch standen noch die Geburtstagsblumen vom Tag zuvor, als unser Chef mich zu sich bat. Ich wusste ‚Das heisst nichts Gutes'. Ja, ich wurde gefeuert, und ich hatte genau eine Woche zuvor ein Haus gekauft. Verkaufen, dachte ich, aber es war ein Glück,

dass ich damit gewartet habe. Ich arbeite nur als Freelancer; das geht ganz gut. Ich muss auch gestehen, tief in meinem Herzen wollte ich eigentlich aus der Agentur weg, hatte mir aber gesagt, wegen der drohenden Rezession das lieber zu lassen. Gedanken über Freelancing hatte ich mir gemacht, es schien mir aber zu unsicher.

Kommentar:

Hinein gezwungen findet OG es spannend. Seine Arbeit ist für ihn attraktiver geworden. Mehr Freiheit hat er auch. Er ist es jetzt, der alle belangreichen Entscheidungen selbst fällt. Sein Leben hat er – wie er sagt - dank der Kündigung mehr in eigener Hand. Mit einem Partner plant er eine eigene Agentur aufzubauen. ***Sie wollen sie ‚Big Money‘ nennen.***

BL (29) „Ich bin Modedesignerin und Diplom-Europaökonomin und seit einem halben Jahr arbeitslos. Ich habe in der Textil- und Modebranche gearbeitet und nutze jetzt diese arbeitslose Zeit um mich neu zu orientieren."

Kommentar:

2 Monate später hat BL ein ***wegweisendes Praktikum*** *von einem Jahr in einem Grossunternehmen aufgenommen.*

FH (31) wurde nach kurzer Anstellung bei einem Fernsehsender gekündigt:

„Ich hatte eine Ausbildung zum Bankkaufmann gemacht, anschliessend Betriebswirtschaft studiert. Ohne Probleme fand ich danach eine Stelle bei einem Fernsehsender. Doch – die persönliche Unabhängigkeit konnte ich nur kurz geniessen. Mir wurde gekündigt. Verzweifelt habe ich nach einem Job gesucht, aber nur Absagen kamen auf meine Bewerbungen."

Kommentar:
*Gleichsam über Nacht wuchs bei FH die Idee, ins Ausland zu gehen, dort sein Glück zu versuchen. Jetzt ist er schon ein halbes Jahr **in Irland**, arbeitet in einem grossen Büro als IT-Account Manager.*

PR (53) sah als Wirt für sich keine guten Chancen in Deutschland: „Es gab kein Weiterkommen für mich als Gastronom. Hohe Mieten, Behördenauflagen, wie im Film waren da sogar Schutzgelderpresser."
Kommentar:
*Heute hat PR **in Montevideo** ein Restaurant mit Blick aufs Meer. Er berichtete, in seiner Kneipe gingen Promis und Politiker ein und aus. Er käme gut zurecht.*

HM (40) hat nach seinem Studium der Tropenlandwirtschaft als Diplom-Agraringenieur in verschiedenen Erdteilen gearbeitet. Durch drastische Mittelkürzungen war mit einem Mal Schluss.
„Bester Karl, die Geschichte ist schnell erzählt. Seit ca. drei Jahren habe ich mehr als 400 Bewerbungen geschrieben und unzählige Kontakte geknüpft. Darunter auch zu meinen zukünftigen Auftraggebern. Bereits im letzten Winter erhielt ich ein Angebot für eine Stelle in Westafrika. Damals war ich gerade dabei meine Position als selbständiger Berater aufzubauen. Deshalb passte mir dieses Langzeitangebot damals nicht.
Jetzt im Sommer bot mir der Personalleiter auf meinen nochmaligen Kontakt die Stelle in Somalia an und das Auswahlprozedere nahm seinen Lauf. Nach mehreren persönlichen und telefonischen Interviews kam die Zusage vor wenigen Tagen. Seitdem bin ich dabei, meine Wohnung aufzulösen und die Formalitäten zu klären. Am 1. Oktober soll ich nach Nairobi fliegen. Nach einer Einweisung geht es dann von dort weiter ins Projektgebiet.

Ich melde mich wieder, sobald ich mich in meine neue Aufgabe eingearbeitet habe. Da es im Projektgebiet weder Strom noch Telefonanbieter gibt (auch kein Funktelefon), werde ich mich sicher erst in der Weihnachtszeit oder im Neuen Jahr von Nairobi aus melden können.
Ihnen, Ihrer Familie und allen allpha.net-Mitarbeitern und Sympathisanten alles Gute und herzliche Grüsse HM"

Kommentar:

*HM hat **den Job wiedergefunden, den er schon mehrfach erfolgreich ausgefüllt hat**. Er hätte ihn schon eher haben können; sein Umweg über 400 Bewerbungen und seine Planungsarbeit für ein selbständiges Beraterdasein mögen sich dennoch bezahlt gemacht haben, weiss er doch, dass seine Herzensaufgabe, zumindest eine, in den Tropen verwirklicht werden kann.*

EK (23) hatte von zwölf Monaten Bewerbungen schreiben und Absagen erhalten genug. Sie gründete eine ICH AG:
„Alles zusammen kann ich sagen: Man braucht Berufserfahrung, Laptop und viel, viel Eigeninitiative – jedenfalls, ich brauche das für meinen Büroservice. Als gelernte Steuerfachgehilfin kann ich meine Selbständigkeit auf beruflichen Erfahrungen und Kontakten aufbauen. Das hatte ich mir überlegt und eigentlich dann sehr schnell zu meiner Entscheidung gefunden: **Schluss mit dem Bewerbungsmarathon, ich werde aktiv.**"

Kommentar:

EK gab mir noch ein Nachwort: Nicht dass ich denken sollte, sie sei mit ihrer Bewerbungsarbeit nicht aktiv gewesen. Es wäre doch so, irgendwie würde die Bewerbungszeit nicht als Arbeit gesehen. Wenn sie gefragt worden sei, hätte sie auch gesagt, dass sie im Moment nicht arbeiten würde. Und gar nicht mehr daran gedacht, dass sie vielleicht noch den Abend zuvor bis Mitternacht Unternehmensrecherche im Internet gemacht habe.

GM (61) gründete schon als Radio- und Fernsehreporterin eine Firma für Fernsehproduktionen.
„Damit wollte ich meine Unabhängigkeit als Reporterin bewahren und mit dieser Selbständigkeit einer Anstellung beim Sender entgehen. Mein Hauptengagement galt dem Journalismus, doch mit Mitte Fünfzig wurde ich des Fragens müde und wollte selber verstärkt Antworten geben. Danach begann meine Erfolgswelle. Heute beschäftige ich 400 Mitarbeiter, die sich um Konzeption, Produktion und Redaktion kümmern. Die kennen mich als penible Chefin, die sehr unangenehm perfektionistisch den Ablauf kontrollieren kann."
Kommentar:
Inzwischen arbeitet GM immer mehr an der Zukunft. ***Sie ist auf der Suche nach neuen Ideen für populäre Fernsehunterhaltung.***

NR (46) tauschte vor fünfzehn Jahren ihren sicheren Beamtenposten als Schullehrerin gegen eine Stelle als Scriptgirl beim Film ein:
„**Risiko ist die Bugwelle des Erfolgs**. Heute können Sie mich im Film sehen und natürlich wie gewohnt seit Jahren als Moderatorin von Publikumssendungen und Polit-Talks."
Kommentar:
Alles wird gut!

ME (29) hat sein Studium der Wirtschaftsinformatik genossen. Es hatte für ihn keine Eile.
„Auch nach dem Examen habe ich mich nicht wirklich bemüht, gleich eine Stelle zu bekommen. Irgendwann ging mir auf, dass ich immer noch keinen Arbeitsplatz hatte. Es war, glaube ich, als ich mal wieder in der Zeitung las, Leute mit Abschluss Wirtschaftsinformatik hätten nach wie vor alle Chancen auf einen Arbeitsplatz. Da habe ich mich ganz verwundert zurückgesetzt und überlegt: Warum habe ich eigentlich noch keinen?"

MEs erste Reaktion war, dass er meinte den richtigen Eintrittszeitpunkt für eine Stelle verpasst zu haben. Dazu trug die stets wiederkehrende Frage bei den Einstellungsgesprächen natürlich bei: „Was haben Sie denn nach dem Studium bisher so gemacht?"
Heute, dreieinhalb Jahre nach dem Examen, ist ME immer noch nicht bei einer Firma angestellt. Längst hat er sich als Gewerbetreibender angemeldet. Mit seinem IT-Service betreut er inzwischen vier Kanzleien, damit die Büroabläufe in den Anwaltspraxen auch reibungslos funktionieren.
Kommentar:
ME hatte in der Tat den Einstiegszeitpunkt für seinen - nach wie vor - attraktiven Berufszweig ‚Wirtschaftsinformatik' verpasst. Was heute bei Einstellungen zählt, ist neben dem Ausbildungsabschluss die Umsetzung des Gelernten in die Praxis, gemacht ohne Leerzeiten zwischen den beiden. Doch – ***diese ‚Leerzeiten' haben ME befähigt, seine Berufswahl auf sich zuzuschneiden.***
„Als Unternehmer fühle ich mich doch besser aufgehoben; ich meine, ich bin da mehr bei mir selbst." Sein Gesichtsausdruck zeigt eine gewisse Spannung, so ganz sicher scheint ME sich noch nicht zu sein.

JJ (48) – der Maurermeister verlor 1998 seine Stelle.
„2000 begann ich ein dreijähriges Studium zum Diplom-Betriebswirt, das vom Arbeitsamt bezahlt wurde. Danach habe ich mich beworben, bekam jedoch nicht einmal einen Vorstellungstermin. Ich fiel in ein seelisches Loch, Gott sei dank nur für kurze Zeit.
Ich habe mich jetzt entschlossen, mich selbstständig zu machen: Als Existenzgründungsberater will ich Arbeitslose davor bewahren, sich unüberlegt in die Selbständigkeit zu stürzen. Ich nutze die Situation, dass es bei der Gründung einer Ich-AG von Seiten der Arbeitsämter keine Prüfung der Erfolgsaussichten gibt."

Kommentar:
*JJ **sieht seine Beratungsaufgabe als Mission** und will helfen, dass die neuen Selbständigen, die ja keinen Businessplan aufstellen müssen, sich nicht blind verschulden.*

RS (50) ist von Haus aus Sozialpädagoge, sein Sinnbild ist die Taube.
„Hallo Herr Niemann, ich wußte nicht recht auf Ihre Anfrage zu antworten - jetzt denke ich doch, daß ich zu diesem Thema kein Statement abgeben kann. Ich bin niemals entlassen worden, sondern selbst gegangen, weil ich andere Pläne für mein Leben hatte. Seit 1989 schlage ich mich auf meine Art durch und habe weder vor in die "alten Abläufe und Mechanismen" wieder einzusteigen, noch auf die gleiche Art und Weise mein eigenes Dominian aufzubauen. Stattdessen ziehe ich es vor, mich um die "Verlorenen" der Leistungsgesellschaft zu kümmern. Ich glaube, daß sich das für die Zukunft (nach dem Tode) am meisten auszahlen wird. > Geben ist seliger als Nehmen < (Apg.20.35) RS“
Kommentar.
*Mir ist das abgegebene ‚kein Statement‘ von RS wichtig als Statement! Einen Leitspruch von RS, den er auch selbst verkündet, möchte ich Ihnen nicht vorenthalten: **‚Schnitze das Leben aus dem Holz, was du hast‘**; er sagt, das sei eine altrussische Weisheit. Warum sollen nicht auch die Russen ihre Nähe zu Delphi und Sokrates haben!*

MA (38) sah in ihrer kirchlichen Sozialarbeit zunächst keine Lösung für sich.
„Ich sah keine Möglichkeit für meine berufliche Weiterentwicklung. Ich fühlte mich aus meinem Tätigkeitsbereich herauswachsend und konnte dabei keinen rechten Fuss fassen. Mein Selbstbewusstsein

machte mir zu schaffen; ich war in einer Sackgasse. Es dauerte, bis mir klar wurde: ‚Ich muss hier raus!'
Und dann dauerte es immer noch. Ich bekam schliesslich immer pünktlich mein Gehalt, und die Stelle war ja auch ziemlich sicher. Irgendwann ging mir ein Licht auf, dass ich mich gern mit meinem Know How den Herausforderungen draussen, ausserhalb der Kirche stellen wollte. Ich rang mich zu der Frage durch
‚Wenn du es wirklich willst, warum hast du noch nicht angefangen?'
und hatte mit meiner Traute auch sogleich die Antwort.
Kommentar:
Heute ist MA bereits ***seit zwei Jahren selbständige Beraterin für Unternehmensentwicklung****...*

MA darf ich an dieser Stelle outen. Es ist Margot Abstiens. Ihr verdanken wir bereits das ‚Moderne Networking' – die Sache mit den Fluggänsen in Kapitel 5.
Inzwischen hat sie in einem Modellprojekt der Evangelischen Kirche im Rheinland andere, die für eine Neuorientierung offen waren, auf den Weg gebracht - genauso wie sich selbst.
Die meisten von ihr Betreuten bzw. Gecoachten haben **ein neues Arbeitsfeld** angepackt, davon einige **auch ausserhalb des sicheren Schosses der Kirche.**

Für eine solche Entscheidungsfähigkeit, aus sog. sicherer Position sich auf eine sog. unsichere Position einzulassen, kann man nie genug Beispiele nennen!
Das erste – zugegeben: spektakuläre – Beispiel gab ich Ihnen bereits → **HG (54)** gleich zu Beginn von Kapitel 7.

JN (50) arbeitet nach 23 Jahren Jugendarbeit demnächst als Geschäftsführer einer kleinen landeskirchlichen Einrichtung: Verwaltungs- und Bildungsarbeit in guter Mischung, dazu reichlich Gelegenheit, seine langjährige Weiterbildung in systemischer Familientherapie einzubringen.

MK (52) als Studienleiterin mit betroffen von den grossen Umwälzungen einer kirchlichen Akademie, sammelt bei ihrem neuen Träger einerseits neue Erfahrungen in der Seelsorge und bewegt sich in der Bildungsarbeit andererseits weiter auf vertrautem Gelände. Die grosse Anspannung ist von ihr abgefallen, sie fühlt sich „entspannt wie in Urlaub".

AF (42) Sozialpädagoge, konnte zum Auswertungstag nicht kommen. Aus seinem fröhlichen Brief an die Gruppe geht hervor: Seine neue Stelle verlangt vollen Einsatz und zwar im Wahlkampf! Alex ist jetzt, nach 17 Jahren Jugendhaus, Geschäftsführer im kommunalen Bereich einer politischen Partei geworden.

GO (45) die als Religionspädagogin mit einem rein kirchlichen Beruf am schwierigsten zu vermitteln schien, war als erste weg gewesen und zwar im Aussendienst eines grossen Multimediaunternehmens – überaus erfolgreich, mit hoher Provision, aber dann zusammen mit Hunderten von anderen Mitarbeiter/innen in der Probezeit entlassen. Inzwischen ist sie nach einer halbjährigen Online-Weiterbildung als Pharmareferentin tätig und sehr zufrieden.
Das Projekt hat ihr die Gewissheit gebracht, dass sie mit ihrer Tüchtigkeit und Ausstrahlung immer Arbeit finden wird, durch die sie in hohem Masse Einfluss auf die Art ihrer Arbeit und die Höhe ihrer Einkünfte hat.

GL (50) CVJM-Sekretär und Sozialpädagoge in der „Offenen Jugendarbeit" in einer Grossstadt wechselt aufgrund seiner jahrzehntelangen jugendpolitischen Aktivitäten nun in die kreiskirchliche Verwaltung. Er nimmt jetzt hauptberuflich jugendpolitische Aufgaben war.

IB (45) ist noch auf ihrer alten Stelle im Jugendhaus, aber auf dem Absprung. Ihre erste Option, Kooperation in einer Arztpraxis mit Angeboten aus dem körpertherapeutischen Bereich, hatte sich kurzfristig zerschlagen. Aber die Idee ist klar; neue Geschäftspartner werden gesucht.

RK (48) ist mit einer angemessenen Abfindung aus der Gemeinde ausgestiegen. Er fährt seine bisher nebenberufliche Tätigkeit „Einzelbetreuungen" hoch. Jetzt ist sein Büro fertig eingerichtet und er kann sich vor Arbeit kaum noch retten, hat bereits die erste Angestellte. Seine Auftraggeber sind u.a. das Amtsgericht und das städtische Jugendamt. Er hat keine Probleme, genügend Aufträge zu bekommen. Im Gegenteil: Er kann wählen. Er arbeitet „nicht unbedingt weniger als in der Gemeinde" – aber er geniesst „die Freiheit und den Status".

WL (48) studierter Theologe und Sozialarbeiter, „chronisch unterbezahlt" in 17 Jahren Jugendarbeit im Ruhrgebiet, denkt in Richtung Schweden: Traumhaus gekauft, um seine künstlerische Seite auszuleben und das Leben wieder als geschenkte Zeit wahrzunehmen. Soziale Absicherung ist durch die Ehefrau gegeben, vor allem aber durch den Entschluss, materiell zunächst sehr bescheiden zu leben. Der Prozess, der zu dieser Entscheidung führte, hat die Gruppe sehr beeindruckt.

AP (36) mit Abstand jüngste in der Gruppe, arbeitet nach einer Babypause wieder bei ihrer Gemeinde, hält aber mit kleinen Nebentätigkeiten Kontakt zur SeniorInnen-Netzwerkarbeit, um bei nächster Gelegenheit in eine Stelle in diesem Bereich zu wechseln.

HS (50) ist zunächst recht gern weiter in seinem Jugendhaus geblieben, weil sich durch Pfarrerwechsel in seiner Gemeinde für ihn neue Chancen vor Ort auftun.

Kommentar:
Von den zehn Gecoachten, davon neun aus Altersgründen definitiv schwer vermittelbar, haben bis jetzt sieben ihren alten Arbeitsplatz zugunsten einer für sie attraktiveren Lösung verlassen, einer ist aus guten Gründen in der Gemeinde geblieben; eine braucht für den ersehnten Absprung in die Freiberuflichkeit noch mehr Zeit oder bessere finanzielle Konditionen und die letzte beginnt wie geplant jetzt, nach der „Elternzeit", gezielt mit der Stellensuche: ***sie weiss, wohin sie will.***

Margot Abstiens gibt in der Projektevaluation wider, wie die Gecoachten den persönlichen Erfolg beschreiben – abgesehen vom gelungenen beruflichen Wechsel:
→ die Wahrnehmung, realistische Einschätzung und Nutzung der persönlichen Stärken und Ressourcen, der fachlichen Kompetenz, der Erfahrungen und der eigenen Werte
→ die Erfahrung der persönlichen Qualifikation in einem anderen Arbeitsumfeld
→ die Stärkung des Selbstbewusstseins und des Mutes, der Zuversicht und des Selbstvertrauens, die Festigung der eigenen Position
→ ein klares berufliches Ziel und die Möglichkeit, die jetzige Situation daraufhin zu nutzen
→ emotionale Stärkung und Durchhaltevermögen, an Grenzen gehen zu können und sie zu überschreiten.

Treffend (auch trefflich?) ist Abstiens Schlussfolgerung,

„dass offensichtlich in bestimmten Arbeitszusammenhängen hervorragende Persönlichkeitskompetenzen verloren zu gehen scheinen, und es nicht geringe Mühe bereitet, diese wieder aufzubauen."
Mein Eindruck ist:
Darin steckt möglicherweise eine Systemfrage.
Erlauben Sie deshalb hier den passenden Einschub:

Mit welcher Beschäftigungsentwicklung haben wir zu rechnen, wenn die Auffrischungsquote hinter der Besitzerhaltungsquote wesentlich zurückbleibt?
Was ja in Deutschland im Grunde alle Arbeitsmarktpolitik bisher war!
Das letztere!
Überall. In jeder Firma, jeder Einrichtung, abgesegnet von den Tarifpartnern. Dabei erfahren wir in jeder Bundesligasaison – wie Rüdiger Höwische vom Viersener Industrieautomationshersteller ATR bemerkt:
„Neue Besen kehren gut."
Und er verweist darauf, dass neue Leute neue Gesichtspunkte einbringen, die jede Betriebstruktur erhellen können.

Deutlich wird's einem, wenn man Kinder in der Grundschule hat und man sich wünscht, dass die Mädchen und Jungen in einem guten Mix von einer Lehrerschaft von Frauen und Männern unterrichtet werden.
Mein Achtjähriger hat als Gegenüber im Lehrerkollegium einen Mann (er ist der Sportlehrer) ansonsten jede Menge (der nettesten) Frauen.
Wie gut oder passend die männlichen Anklopfer auch sein mögen – die infrage kommenden Arbeitsplätze mit und ohne Verbeamtung sind auf Ewigkeit besetzt, wie gesagt: an der Schule meines Sohnes zufällig mit Frauen.

Auf die Systemfrage kommt man, wenn man sich mit Martin Diewalds neuen Untersuchungsergebnissen über Trends in der Arbeitsmarkt-Mobilität befasst. Ich befragte den Professor der Soziologie der Universität Duisburg/Essen:

„Kann man, Herr Professor, aus Ihren Ergebnissen herauslesen, dass bei Beschäftigungsstabilität – die ja allgemein als wohltuend gesehen wird – Chancen vernachlässigt werden?

Professor Diewald: So weit würde ich bisher nicht gehen, das geben die Ergebnisse nicht her. Theoretisch ist das wahrscheinlich, aber nicht zwangsläufig so. Aber wir stehen ja auch erst am Anfang unserer Analysen.

Na ja, Wissenschaftler sind sogar im Andeuten behutsam. Das gesamte Interview mit Prof. Dr. Martin Diewald lesen Sie in Kapitel 11 .

UM (46) Vor gut 1 Jahr wurde UM gekündigt, nachdem er 13 Jahre als Fachberater und Verkaufsleiter in der Bauindustrie gearbeitet hatte.
„In der ersten Zeit suchte ich dasgleiche wieder: eine Leitungsaufgabe in der Bauindustrie in Sachsen. Vergebens.
Heute muss ich sagen, ich habe mich zu lange auf dieses Segment konzentriert. Glaubte, dass die Branchenerfahrungen so wichtig seien, dass sie mein alleiniges Jobargument sein müssten. Das fällt mir heute auf die Füsse. Jetzt habe ich es schwer, auch woanders eine Leitungsaufgabe zu bekommen. ‚Wieso sind Sie mit Ihrem Wissens- und Kenntnisstand nicht schon lange wieder in Lohn und Brot?' Unausgesprochen bleibt: ‚Da muss doch was faul sein! Den nehmen wir lieber nicht.'

Das erkannt, lasse ich in meinem Kampf um einen Arbeitsplatz nicht nach!

Kommentar:

UM hat sein Verharren in angestammten beruflichen Feldern spät, aber er hat's erkannt und kämpft weiter. Und er mahnt, sich nicht auf die Angebote, die öffentlich ausgeschrieben sind zu verlassen, auch nicht auf die des Arbeitsamtes. ***Ganz wichtig ist ihm, niemals abzuwarten, immer persönlich nachzufassen.*** *Mein ergänzender Rat zu letzterem: Tun Sie das nur, wenn Sie gut drauf sind!*

HP (43) zögerte mir von positiven Impulsen zu berichten, obwohl er schon seit einiger Zeit für eine der grossen deutschen – öffentlich-rechtlichen - Fernsehanstalten arbeitet.

„Ich bin aufgrund meiner Erfahrung im Moment nicht so positiv aufgelegt. Ich könnte natürlich schreiben: Hatte zuerst einen Aushilfsjob, aufgrund dessen wurde mir eine feste Freie Mitarbeit beim Sender angeboten, und seitdem kommt eine Kurzvertrag nach dem anderen.

>Doch die Kehrseite der Medaille ist, dass sich das alles in der Realität nicht so positiv rechnet. Ich schmeisse z. B. innerhalb von drei Monaten 1.000 EURO zum Fenster hinaus. Denn ich habe immer noch meinen Wohnsitz in Essen, wo ich Miete zahle, aber nichts davon habe. Die Verlängerungen kommen immer so peu à peu, so dass man nicht richtig auf lange Sicht planen kann. Erst dann würde es sich lohnen, in Essen zu kündigen und ganz umzuziehen. Mein Chef legt sich da auch nur halbherzig ins Zeug, weil er die ganze Bürokratie hasst.

>Also die Chance in der Krise mit Hire and Fire besteht nur dann, wenn man das nötige Kleingeld hat, sich ein riesiges Wohnmobil zu kaufen, wo hinten ein Kleinwagen zum Ausfahren drin ist. Ich komme mir selbst ja auch schon vor wie "auf Montage", wie man früher so sagte. Das ist alles nichts Halbes und nichts Ganzes. Und dann gilt es noch zu berücksichtigen, dass man immer am unteren Ende der

Kette in den Abteilungen steht. Also man muss als Arbeitnehmer auch wissen, worauf man sich einlässt.
> Impulse bei anderen wecken: Ich gebe selbstkritisch zu, dass ich diesem Anspruch bisher nicht gerecht geworden bin. Ich habe da auch nur ganz abstrakte Ideen zu bieten, die wahrscheinlich kaum jemandem weiter helfen. Wenn man schon eine gewisse Berufserfahrung hat, dann fällt es evtl. leicht, **ein Produkt oder eine Dienstleistung auf dem Markt kritisch zu überprüfen und sich eine Art Qualitätssicherung zu überlegen, so dass man sich mit dem daraus entstehenden Konzept vorstellt.**
>Als jemand mit indirekten Nutzenpotenzialen fällt es allerdings schwer, einem Unternehmen etwas Vermarktungswertes anzubieten. Ausserdem ist es sehr mühevoll, das Geschäftsmodell samt der tiefen verborgenen Kernkompetenzen einer Firma zu durchblicken. Erst, wenn man das alles geschafft hat, hat man eine Chance, auf ein gewisses Verständnis bei den Gesprächspartnern zu stossen. Zugegeben, dazu braucht man allerdings einen langen Atem.
>**Veröffentlichung eines Produktvergleichs in bestimmten Fachzeitschriften könnte auch ein Mittel sein, sich bekannt zu machen.** Aber ist auch nur ein Tipp für die geeignete Zielgruppe, nicht für alle. Jedenfalls könnte das noch **so ein Ansatz sein, Unternehmen eine offene Flanke bewusst zu machen.**
Mit freundlichen Grüssen HP“

Kommentar:
Ein Statement, in dem eine Reihe von Akzenten mit positiver Wirkung erkennbar oder auch genannt ist!
*Wenn HP erst einmal herausgefunden hat, **wie und zu wem seine ‚indirekten Nutzenpotenziale‘ passen**, um in Kooperationen direkten Nutzen ableiten zu können, ja dann ... !*

MK (38) wurde vor 18 Monaten als kaufmännischer Leiter eines Mediendienstleisters gekündigt.

"Das es in unserem Unternehmen nicht gut lief, war mir natürlich klar. Wie brutal mich persönlich der wirtschaftliche Abschwung treffen kann, erfuhr ich - zwei Tage nach meiner Hochzeit - kurz vor Weihnachten.
Der Vorstand des Unternehmens bat mich zum 6-Augen-Gespräch und teilte mir seinen Dank für die geleistete Aufbauarbeit im erst zwei Jahre vorher gegründeten Unternehmen mit.
Auf die Enttäuschung folgte eine lange Zeit der inneren Leere und Hoffnungslosigkeit. Ich habe mich zwischenzeitlich als Freiberufler selbständig gemacht. Mit meinem Erfahrungsschatz aus meinen bisherigen Tätigkeiten **kann ich derzeit feststellen, dass es sehr viel Bedarf am Markt gibt**. Diese Perspektive verstärkt meine Motivation sehr, dass eigene Schneckenhaus zu verlassen."
Kommentar:
MK hat sich für den Markt von Finanzierungen fit gemacht; sein Fachwissen baut er in der Nachfolge von Basel II im Bereich Rating aus. Vielleicht wissen es nicht alle: Das sind die Rastervorgaben bei der Kreditgewährung, verbindlich in der EU ab 2006. Aber schon jetzt führen die Kreditinstitute ihre Rastervergleiche und nicht wenige Firmen sind inzwischen durchs Raster gefallen. Das erklärt MKs Feststellung des hohen Beratungsbedarfs der betroffenen Unternehmen.

JW (28) verschlug es nach dem Studium zunächst ins Ruhrgebiet.
„Der Job war sehr interessant, auch wenn ich mir eine bessere Einbindung und Unterstützung im Team gewünscht hatte. Der Anfang vom Ende begann, als wir einen neuen Chef bekamen. Der Kommunikationsfluß war selten bis gar nicht vorhanden. Drei Monate, bevor unser Unternehmen von einem Konkurrenten gekauft wurde, hörte sich das Mitarbeitergespräch doch wieder positiv an. Kurze Zeit später kam die Nachricht, daß mein Vertrag nicht verlängert wird. Das hatte mich nun überrascht. Mir wurde offenbart, daß ich außerdem nicht der richtige Mann für die Front, also für den Verkauf sei. Ich fiel

in ein tiefes Loch. Und dadurch daß meine Arbeitslosigkeit andauerte, wurde mein Zustand auch nicht besser.
Erst die Liebe zu meiner neuen Freundin gab mir die Kraft immer wieder weiter zu machen und meinen Weg zu gehen, den ich weiterhin im Vertrieb sah.
Kurz vor Weihnachten, als ich gar nicht mehr damit gerechnet hatte, bekam ich das Angebot von meinem jetzigen Arbeitgeber. Ich bin jetzt Area Representative für die GUS Staaten und Russland, das größte Land der Erde. Ich arbeite im Aftermarket im Vertrieb und bin sehr glücklich, vor allem, weil ich hier sehr viele Freiheiten habe und noch einiges bewegen kann. Auch das arbeiten hier im Team ist ein ganz anderes, hier arbeitet wirklich jeder für jeden.
Man darf die Hoffnung halt nie aufgeben."
Kommentar:
Von der Sache mit der Liebe haben Sie im Essay schon einmal gehört: ein Unternehmensvertreter sprach über ,Teenager und die Liebe'. Bei JW ist sie aber unvergleichlich, Nur ,Glaube, Liebe, Hoffnung' - diese drei, doch die Liebe ist die grösste unter ihnen - aus der Bibel kann da mithalten.

Und dann gibt's Gefeuerte, die es ihren alten Arbeitgebern zeigen wollen.
Hier zwei, die es auch gezeigt haben.

AH (54) wurde mit 44 als Geschäftsführer einer Airline gefeuert.
„Dass mein eigenes Unternehmen jetzt zu den Grossen der Branche gehört, das hätte ich damals nicht für möglich gehalten. Ich gründete mit viel gepumpten Geld, viel Vertrauen einiger Mitstreiter und noch mehr Glauben an die eigenen Fähigkeiten die neue Fluggesellschaft."
Gelernt hatte AH von der Pike auf, hatte an der Rampe geschuftet, die Jets beladen und war in seinem Hocharbeiten so im Management

gelandet. Gescheitert war er, „weil ich sage, was ich meine – zu jedem.“

Kommentar:

AH kannte sich schon frühzeitig recht gut selbst, wusste was er wollte und liess auch nicht davon ab, als er gefeuert wurde. Er steht heute so gut da, dass herkömmliche Vergleiche schwer fallen. ***Höchstens Hiob kann da mithalten.*** *Sie wissen, dass ist die biblische Geschichte von dem Mann (ja, er bekam - eine Zeitlang - auch laufend Unglücksbotschaften!), der einmal reich, gesund und zufrieden war, dann bettelarm, sehr krank und höchst unzufrieden seinen Gott verfluchte, um zu guter Letzt um ein Vielfaches besser da zu stehen als zu Anfang.*

LH (51) wurde gefeuert, als er 43 war. Per Gerichtsbeschluss wurde ihm als Ex-Geschäftsführer Arbeitslosengeld zugestanden.

„Da stand ich nun – mit der Androhung einer Strafandrohung meiner alten Firma, mich zu 500.000 Mark zu verdonnern, falls ich ein gleichartiges Unternehmen aufziehen würde. Fakt ist: 9 Monate später wurde mir der Schlüssel für 75 Quadratmeter in einem Technologiezentrum übergeben.“

In seiner sog. Arbeitslosenzeit hatte LH bis zum Gehtnichtmehr für die künftige Selbständigkeit gearbeitet. Hatte alte Kontakte aktiviert, nach Partnerschaften Ausschau gehalten, sich die Ärmel hochgekrempelt, wenn die Auseinandersetzungen mit seinem Ex-Arbeitgeber und dessen Anwälten anstanden. Und bei allem hatte er nicht versäumt, für sein neues Vorhaben Kundenakquisition zu betreiben.

„Tatsächlich erhielt ich knapp zwei Monate nach meinem Einzug den ersten Auftrag. Ich war ganz schön stolz, dass aus dem erfolgreichen Erstprojekt später sogar ein Hotlineservice zustande kam – ich und mein kleines Unternehmen lieferten den Service dem grössten deutschen.“

Kommentar:

LH hatte nicht nur sein Herz in beide Hände gepackt, er ging auch ausgesprochen systematisch vor, mit dem Ziel so schnell wie möglich bezahlte Leistungen für Kunden zu erbringen. Demgegenüber hatte er in seinem Businessplan der Bank gegenüber noch von einer einjährigen Entwicklungszeit für Programme gesprochen und mit Hilfe des Instituts einen Förderantrag gestellt. Dass ein Existenzgründer von Null an innerhalb kurzer Zeit mit einem Grossunternehmen kooperiert, hatte er einmal gesprächsweise dem Banker angedeutet, der hatte aber abgewunken und gebeten, dass sich LH auf's Machbare konzentrieren soll. Nach dem Erstauftrag hatte LH den Förderantrag dann zurückgezogen und sich in der Folge nur noch auf Kundenleistungen konzentriert.

KAPITEL 10

Ansichten des Gegenübers im Hire&Fire Management
- Fragen und Antworten von Unternehmensmanagern,
- von Beratern für Stellensuchende und Existenzgründer,
- von Interessenvertretern der Verbände und der Politik

Mitte des Jahres 2003 rief ich die Meinungen der Leute zum Thema ‚Krise als Chance' ab. Insbesondere führte ich meine Gesprächspartner zu der Fragestellung des Marktes für ‚Hire&Fire', um sie auf den Sachverhalt zu fokussieren: Gibt es eigentlich Chancen in dem Wachstumsmarkt ‚Fire', denn bei dem Engpassmarkt ‚Hire' laufen sich die Arbeitsuchenden mit ihren Bewerbungen tot. Sie erkennen das unemotionale strikt marketingtechnische Denken, um so nüchtern und präzise wie möglich das Thema erörtern zu können.
In den Interviews ging es letztlich darum, ein Spektrum darzustellen, das Bilder liefert, welche Vorleistungen ich bieten muss, um den Arbeitsplatz, ggf. auch den Auftrag zu bekommen. Weniger ging es mir um Techniken. Die sind so zahlreich wie Sand am Meer. Wir kennen sie seit unserer Lehrzeit oder wissen, wo wir sie abrufen können. Mir war es dagegen wichtig, von den Befragten zu hören, wie sie sich und ihre Gegenüber im Business einschätzten. Insoweit verstehen Sie bitte die kurzgefassten Darstellungen als Statements Ihrer potenziellen Arbeitgeber oder Auftraggeber.

In der Wiedergabe differenziere ich in:

→ Ansichten von Unternehmensmanagern,
→ Ansichten von Beratern für Stellensuchende und Existenzgründer
→ Ansichten von Interessenvertretern der Verbände und der Politik

Die Ansichten von Unternehmensmanagern

Frage:
Vom Wort her betrachtet unternimmt ein Unternehmer etwas. Er lässt sich kein X für ein U vormachen. Warum pochen so viele Unternehmer heute auf eine Vorleistung in der Verbesserung der Rahmenbedingungen?
Antworten:

Ein PR-Manager:
→ „Rahmenbedigungen? Sie spielen nicht wirklich eine Rolle. Ein Unternehmer ist stets bemüht sich eine gute Verhandlungsposition zu verschaffen. Bazardenken."

Ein mittelständischer Unternehmer aus der Umweltdienstleistungsbranche:
→ Die Reglementierungen sind der Rahmen, innerhalb dessen man seine Kreativität entfalten kann.

Der Chefeinkäufer einer Messegesellschaft:
→ „Mit ihren Reglementierungen ist die politische Ebene nicht unternehmerfreundlich."
→ „Andererseits wird von Unternehmen die Situation genutzt, um die Schmälerung des Unternehmerlohns nicht bei eigenen Fehlern festzumachen sondern die Verantwortung dafür auf andere zu schieben."

Der Sprecher einer Bank:
→ Dazu fällt mir nichts mehr ein; für mich ist das Delegation von Verantwortung, besser ein Abschieben."

Ein mittelständischer Unternehmer im Maschinenbau:
→„Als erstes haben wir uns dem Wettbewerb zu stellen. Aber was den Rahmen angeht, nun: Dieser Tage hatten wir eine ganz interessante Diskussion: ‚Warum erhält zum Beispiel jemand 30 Tage Urlaub, wenn er das ganze Jahr krank war?'"
→ „Wissen Sie, die Leute, auch unsere sehen das so: Ein Unternehmen ist vom Tage der Gründung eine Maschine, wo immer Geld rauskommt."

Der Personalchef eines grossen Gebäudedienstleisters:
→ "Die Rahmenbedingungen sind ausgeprägter denn je. Sie haben Spielraum; man muss sich nur drum kümmern."
→ „Ich persönlich glaube, dass jegliches Unternehmertum verloren gegangen ist. Das Sicherheitsdenken überlagert alles."

Der Personalchef eines mittelständischen Speditionsdienstleisters
→ „Die Rahmenbedingungen sind so umfangreich; wir passen uns denen an – aber nicht mit Freude."

Der Personalchef eines grossen Stahlhandelsunternehmens:
→ „Die Rahmenbedingungen werden enger. Das EU-Recht wirkt stark ein. Auch müssen die Rahmenbedingungen, die zu eng geworden sind, wieder weg, so beim Kündigungsschutzgesetz oder im Arbeitsrecht."

Der Leiter eines Verkehrsverbundes:
→ „Mir scheint, Unternehmer scheuen mehr als früher das unternehmerische Risiko."

Die Geschäftsführung eines mittelständischen Unternehmens der Industrieautomation:

→ „Häufig ist das nur Schuldzuweisung, und das ist nicht in Ordnung. Viel wichtiger ist zum Beispiel die Marktbeobachtung, um rechtzeitig Entwicklungen aufzuspüren."

→ „Ich muss mich fragen: Wo mache ich den künftig mein Geschäft?"

→ „Auch die Rahmenbedingungen kann ich aufweichen."

Die Geschäftsführerin Human Resources einer weltweit tätigen Document Company:

→ „Nun, gute Unternehmen finden vor dem Hintergrund der Rahmenbedingungen mit Kreativität gute Lösungen. Das geht immer!"

→ „Das Krankjammern hat noch keinen Patienten geheilt."

→ „Zuallererst gilt es aber nüchtern zu fragen: Ist es nicht eine Denkblockade? Erlegen wir uns den Rahmen nicht selbst auf?"

Frage:

Welche Möglichkeiten nutzen Sie, um restriktive Rahmenbedingungen obsolet werden zu lassen? Geht das überhaupt? Wo?

Antworten:

Die Geschäftsführung eines mittelständischen Unternehmens der Industrieautomation:

→ „Man darf nicht auf Eingebungen von aussen warten. Es geht überall mit Eigeninitiative."

→ „Nicht über die Welt jammern, konkret werden!"

Ein mittelständischer Unternehmer aus der Umweltdienstleistungsbranche:

→ „Ich möchte nicht behindert werden. Wenn es Hindernisse gibt, gehe ich offen in den Dialog mit den Verantwortlichen."

Der Sprecher einer Bank:
→ „Es zählen die Restrukturierungserfolge. Dabei machen wir nichts stückchenweise sondern in einer Parallelverschiebung nach oben."

Der Leiter eines Verkehrsverbundes:
→ Politische Lobbyarbeit muss da wirken; bevor eine Verordnung gedruckt ist, gilt es die zuständigen Referatsleiter zu bearbeiten."

Der Personalchef eines grossen Gebäudedienstleisters:
→ „Fast unmöglich; die Strukturen sind zu stark vorgegeben."

Der Personalchef eines grossen Stahlhandelsunternehmens:
→ „Wir legen Wert darauf, dass ein Wort zählt. Deshalb haben wir mit Betriebsvereinbarungen einen überschaubaren Rahmen geschaffen – insgesamt fünf, u.a. für Altersversorgung, Datenschutz, Arbeitszeit."

Die Geschäftsführerin Human Resources einer weltweit tätigen Document Company:
→ „Wichtig ist es, sich auszutauschen, egal ob über Verbände oder im Bench Marketing. Man muss versuchen, seiner Stimme Gewicht zu geben."

Ein PR-Manager:
→ „Ich versuch' nicht an sie zu denken; so viele gibt es auch nicht."

Der Chefeinkäufer einer Messegesellschaft:
→ „Bei Dingen, die ich beeinflussen kann: Aussitzen oder Stiche setzen; das fängt mit dem Gespräch beim Bier an."

Frage:
Wie sprechen Sie von Hire&Fire Management, wenn Sie Ihre Unternehmensstrategie darstellen? Gibt es Unterschiede in der Darstellung nach aussen und nach innen, z.B. graduelle Abstufungen in der Wortwahl?
Antworten:

Ein mittelständischer Unternehmer aus der Umweltdienstleistungsbranche:
→ „Ist negativ besetzt. Ich beneide schon mal die Amerikaner, dass sie die emotionale Bindung nicht haben.“

Der Chefeinkäufer eines Energieleisters:
→ „Bei uns gibt's kein Fire. Wir stocken auf.

Ein mittelständischer Unternehmer im Maschinenbau:
→ „Es gibt bei uns kein Hire&Fire. Wenn unsere Fachkräfte mal weg sind, kriegen wir sie niemals wieder.“

Der Personalchef eines grossen Stahlhandelsunternehmens:
→ „Bei uns wird so gut wie keiner gefeuert. Das hat sich wohl herumgesprochen; wir erhalten Tausende von Blind-Bewerbungen, rauf bis zum Prokuristen.“

Der Chefeinkäufer einer Messegesellschaft:
→ „Wir als Unternehmen sind an einem guten Aussenbild interessiert, deshalb spielt sich das alles nicht öffentlich ab. Intern werden die Dinge über den Flurfunk geregelt.“

Ein PR-Manager:
→ „Ich hasse den Begriff.“

Der Personalchef eines grossen Gebäudedienstleisters:
→ „Hire&Fire gibt es bei uns nicht; mit der Gewerkschaft ist Friedenspflicht vereinbart."

Der Sprecher einer Bank:
→ „Bei uns gibt es nur Fire zur Qualitätsverbesserung, nicht zum Kostenabbau. Doch der Arbeitsmarkt atmet mit der Konjunktur."

Die Geschäftsführung eines mittelständischen Unternehmens der Industrieautomation:
→ „Höchstens von Outsourcing, wenn eben Geschäftsauslagerungen erfolgen."

Der Personalchef eines mittelständischen Speditionsdienstleisters
→ „Hire and Fire gibt's nicht in unserer Praxis."

Die Geschäftsführerin Human Resources einer weltweit tätigen Document Company:
→ „Wir haben eine Phase der Restrukturierung hinter uns, werden sie im nächsten Jahr abschliessen. Wir mussten Arbeitsplätze reduzieren. Das war allen deutlich."
→ „Wir haben uns davon leiten lassen, dass nicht ‚Vernichtung' sonder ‚Transfer' im Vordergrund steht. Outsourcing spielte also eine grosse Rolle (so nannten wir es auch). Die neuen Partnerunternehmen sind mit uns die XEROX family."

Der Leiter eines Verkehrsverbundes:
→ „Es gibt ja kein Hire and Fire im Öffentlichen Dienst. Dabei täte mehr Wechsel gerade dort so gut."

Frage:
Welche Möglichkeiten haben Sie, um Impulse zu geben, damit brisante Themen wie Hire&Fire Management o. ä. im Unternehmerkreis aufgenommen und an die Öffentlichkeit gebracht werden?
Antworten:

Ein mittelständischer Unternehmer aus der Umweltdienstleistungsbranche:
→ „Brisante Themen bleiben im Haus."

Der Sprecher einer Bank:
→ „Ich mache meinen Job. Nur Schwache schwärmen."
→ „Konzertierte Aktionen sind nicht möglich, die Aufgabenstellungen sind zu unterschiedlich."

Die Geschäftsführung eines mittelständischen Unternehmens der Industrieautomation:
→ „In unserem Firmenverbund – das sind 12 Firmen – erfolgt ein hoher Informationsaustausch. In der lokalen Öffentlichkeit sind wir als grösster Arbeitgeber am Ort fast unbekannt. Erst durch einen Beitrag der lokalen Presse horchten die Leute auf, dass wir vermehrt Auszubildende einstellen."

Der Personalchef eines grossen Dienstleisters:
→ „Der Gedanke ‚Hire&Fire' wird nicht an die Öffentlichkeit gebracht."

Ein PR-Manager:
→ „Nur im engsten Umkreis."

Die Geschäftsführerin Human Resources einer weltweit tätigen Document Company:
→ „Man muss zunächst vor der eigenen Tür kehren, dann können wir Impulse nach aussen geben."

Der Chefeinkäufer einer Messegesellschaft:
→ „Der informelle Anteil ist höher, dort spielt sich dann ‚Circus auf hohem Niveau' ab."

Der Leiter eines Verkehrsverbundes:
→ „Ich habe in der Öffentlichkeit bei brisanten Themen Stellung bezogen – mit negativen Konsequenzen. Ich musste mir anhören – Sie glauben's gar nicht: Jetzt ist Krieg angesagt. Ab jetzt bekämpfen wir dich."

Frage:
In der Presse liest man mehrheitlich von bestehenden Ängsten, dass die Unternehmenssubstanz verloren geht: Sollte Ihrer Meinung nach die Wirklichkeit in den Medien dargestellt werden wie sie ist oder scheint oder sollte eine Prise keimender Prosperität immer beim Namen genannt werden?
Antworten:

Der Personalchef eines mittelständischen Speditionsdienstleisters:
→ „Ich finde auch, dass es oft negativ dargestellt wird. Denn es wird mit uns immer weitergehen."

Ein mittelständischer Unternehmer im Maschinenbau:
→ „Der gesunde Blick für die Realität ist die Grundlage, aber dann sollte mehr Optimismus versprüht werden."
→ „Noch wichtiger ist mir: Der Ernst der Lage muss erkannt werden, dann können wir die echten Reformen angehen."

Die Geschäftsführung eines mittelständischen Unternehmens der Industrieautomation:
→ „Die Schwarz-Weiss-Malerei ist doch wenig sinnvoll. Bei uns gibt es mündige Mitarbeiter. Denen haben wir 'rüberzubringen, was für Auswirkungen welche Entscheidung hat. Ähnlich realistisch sollten die Medien berichten."
→ „Überhaupt wird allgemein viel zu früh auf die Themen negativ eingegangen."
→ „Die bisherige Art der Berichterstattung hat doch nur zur Politikverdrossenheit geführt."

Der Chefeinkäufer einer Messegesellschaft:
→ „Die Presse schreibt die Wirtschaft kaputt. Es soll nichts schön geredet werden, die positiven Ansätze müssen aber genannt werden."

Der Leiter eines Verkehrsverbundes:
→ „Die negative Berichterstattung trägt auf keinen Fall dazu bei, eine positive Grundstimmung zu erzeugen."

Der PR-Manager:
→ „Bad news are good news!. Die Zeitung ist ein Unternehmen. Und Angst beherrscht die Menschen immer noch mehr als Hoffnung."

Der Personalchef eines grossen Gebäudedienstleisters:
→ „Zu wenig; im Wirtschaftsteil gibt's meist nur Statistik mit wenig Hintergrundwissen."

Der Sprecher einer Bank:
→ „Beispiele beweisen zwar nichts, können aber einen Trend in Gang setzen."

Die Geschäftsführerin Human Resources einer weltweit tätigen Document Company:

→ „Das Problem ist, dass die Wahrheit sehr komplex ist. Und dann kann man sie nach meiner Erfahrung nicht klar 'rüberbringen. Angebracht wäre ein offensives Klima, in dem Diskussionskultur herrscht."

Der Personalchef eines grossen Stahlhandelsunternehmens:

→ „Als Unternehmen hält man sich mit der Bekanntgabe von Erfolgsmeldungen an die Presse zurück. Schliesslich könnte nach dem dicken Auftrag in bestimmten Segmenten eine Durststrecke kommen mit Entlassungen für 300 Leute."

Ein mittelständischer Unternehmer aus der Umweltdienstleistungsbranche:

→ „Die Presse muss die Realität widergeben, auch mit positiven Meinungen – denn die ziehen nach oben „Wer hat's geschafft?"

Frage:

Im Zuge der Globalisierung und gleichzeitiger Individualisierung taucht ein neues Motto auf: Arbeite mit wem, wo und wann du willst? Was hat das für einen Einfluss auf Ihr Unternehmen?

Antworten:

Die Geschäftsführerin Human Resources einer weltweit tätigen Document Company:

→ „Der Trend dahin ist auffallend, braucht aber Mitarbeiter, die Entrepreneurship im Kopf haben. Und, ich muss sie binden können, das hängt von vielen Faktoren ab, u.a. Produkte, Erfahrungen, Bildung."

Der Sprecher einer Bank:
→ „Das Motto unterschreib ich. Das passt zu unserer Maxime: Wir wollen Zeit für die Kunden haben, wenn die Kunden Zeit haben."
→ „Wir müssen für Neues offen sein."

Der Leiter eines Verkehrsverbundes:
→ „Kann ich generell begrüssen, wenn man über den eigenen Sprengel hinausgeht."
→ „Stärker betont werden müsste das ‚wann du kannst'."

Der Personalchef eines mittelständischen Speditionsdienstleisters:
→ „Die These ist zu einfach, nicht differenziert genug. Wann und wo ist o.k., aber begleitet von ‚hier'."

Der PR-Manager:
→ „Ist ok. Man muss die Stammzelle klein halten."
→ „Familiengefühl muss als Keimzelle dasein; es muss von der Autorität des Chefs her kommen."

Der Personalchef eines grossen Stahlhandelsunternehmens:
→ „Das Motto gilt längst bei uns."

Ein mittelständischer Unternehmer im Maschinenbau:
→ „Der Markt ist grösser geworden, aber nicht transparenter."
→ „ Güter aus Stahl kann man nicht als eMail versenden."

Ein mittelständischer Unternehmer aus der Umweltdienstleistungsbranche:
→ „Globalisierung wird ohne Verbindlichkeit und Vertrauen erfolglos bleiben."

Die Geschäftsführung eines mittelständischen Unternehmens der Industrieautomation:

→ „Eine Notwendigkeit!"

→ „Den Unternehmern, die noch Angst vor der Globalisierung haben, weil ihnen z.B. in China Know how gestohlen wird, denen sag' ich immer: Heute ist doch jeder Informationsaustausch ein Verkaufsgespräch - überall. Es gilt den Vorsprung zu halten."

Frage:

Wie sehen Sie die Möglichkeiten, um mit anderen Unternehmen Allianzen auf Zeit zu gestalten? Und wie ist dagegen Ihre Vorstellung, dass gefeuerte Mitarbeiter an neuer Arbeitsstelle ein Umfeld für neue Geschäftskontakte fördern können?

Antworten:

Die Geschäftsführung eines mittelständischen Unternehmens der Industrieautomation:

→ „Für uns als Firma gibt es bereits zweidimensionale Partnerschaften, z.B. im Joint venture und dann, wenn wir Kunden mit ins Gespräch bringen."

→ „Bei Mitarbeitern, mit denen wir eine einvernehmliche Trennung hatten, kann letzteres auch geschehen."

Ein mittelständischer Unternehmer aus der Umweltdienstleistungsbranche:

→ „Halt ich für ok, auch bei Mitarbeitern, bei fairer, ordentlicher Trennung."

Der Sprecher einer Bank:

→ „Networking ist die beste Versicherung der Arbeitsuchenden."

→ „Man sieht sich im Leben mehrmals."

Der Personalchef eines grossen Gebäudedienstleisters:
→ „Das passiert bei uns tatsächlich; gerade noch haben wir einen Mitarbeiter unterstützt sich selbständig zu machen."

Der PR-Manager:
→ „Ich suche ja was Neues."
→ „Nach einer Kündigung ist es meist ‚verbrannte Erde'."

Der Chefeinkäufer einer Messegesellschaft:
→ „Zwiespältig, denn Kooperationen sind wie ‚Teenager und die Liebe':
- Alle denken darüber nach.
- Alle denken, dass die anderen es schon getan haben.
- Alle möchten, dass die anderen denken, dass man selbst es schon getan hat.
- Und wenn man es wirklich macht, ist der Erfolg noch längst nicht garantiert"
→ „Mitarbeiter, die aussortiert werden, stehen nicht auf Brücken"

Ein mittelständischer Unternehmer im Maschinenbau:
→ „Für auftragsbezogene Kooperationen gibt es eine Reihe Ansätze aber auch Vorbehalte"
→ „Bei Trennung von Mitarbeitern sehe ich positive Effekte, weiter in Kontakt zu sein"

Der Personalchef eines mittelständischen Speditionsdienstleisters:
→ „Verlassen uns gute Leute, heisst es: Wenn du doch mal wieder was anderes machen willst, ruf uns vorher an."
→ „Trennen wir uns von Leuten, in die wir unerfüllte Hoffnungen setzten, bleiben wir dennoch interessiert, was aus ihnen geworden ist."

Der Personalchef eines grossen Stahlhandelsunternehmens:
→ „Auf neuen Gebieten sind Allianzen auf Zeit vorstellbar."
→ „Wenn Sie nicht glücklich werden, rufen Sie mich an."

Der Leiter eines Verkehrsverbundes:
→ „Mit ‚wasserdichten' Verträgen kann man auch mit Mitbewerbern grosse Aufgaben gemeinsam schultern."
→ „Ein gegangener Mitarbeiter kann einen Prozess auslösen, der zu einer Zusammenarbeit mit der alten Firma führt."

Die Geschäftsführerin Human Resources einer weltweit tätigen Document Company:
→ „Ja, eine Entwicklung, die sich auf verschiedene Bereiche erstreckt. Der Ausbildungsverbund mit anderen Unternehmen hat ja schon Bestand; hinzu kommen Allianzen in den Märkten – aber nur, wo sich Produkte ergänzen."
→ „Durch ExMitarbeiter initiierte Allianzen sind ein interessanter Gedanke, weil der Personenkreis bestens die Situation und damit die Bedürfnisse des neuen und des ehemaligen Betriebs kennt. Ich glaube, wir sind aber noch nicht reif dafür. Denken Sie nur an den Vertrag mit dem Mitarbeiter, da wird ihm im Grunde mit der Geheimhaltungsklausel untersagt, noch einen Gedanken an sein altes Unternehmen zu verschwenden.
→ Das umzudrehen und den Allianzgedanken zu vertiefen, das wäre ein Paradigmenwechsel.

Die Ansichten von Beratern für Stellensuchende und Existenzgründer

Frage:
Sie haben sich intensiv mit der Kompetenzprofilierung von Stellensuchenden und Mitarbeitern in Unternehmen auseinandergesetzt - was denken Sie: Wie nimmt eine von Ihnen betreute Person den Titel des Buchprojekts auf?
Antworten:

Der Pressesprecher eines Landesarbeitsamtes:
→ „Es suggeriert die Kraft der Zerstörung, die gleichzeitig Keimzelle für Neues ist."
→ „Krise kann alles sein, und Chancen können auch in allem stecken."

Ein Berater in einem Arbeitsamt:
→ „Unterschiedlich. In frischer Phase so bis 3 Monate nach der Kündigung positiv, danach zieht's runter. Es baut sich da sehr viel Frust auf."

Ein Supervisor und Coach:
→ „Unsicher, Neugierig – ist eine Provokation, die ‚was neues machen' suggeriert."

Der Leiter einer Personalvermittlungsgesellschaft:
→ „Ganz schön negativ belegt"

Frage:
Was kommt Ihrer Meinung nach den Personen in den Sinn, wenn Sie mit Aussagen wie „Hilf dir selbst, dann hilft dir Gott" oder „Wer sich anstrengt, findet immer einen Job" konfrontiert werden?

Antworten:

Ein Berater in einem Arbeitsamt:
→ „In den Leuten lebt doch sehr eine Personalisierung des Unglücks; der Kern wird von einem Mantel überlagert ‚der und der ist schuld'. Das wird dann auf die Marktsituation delegiert."

Der Leiter einer Personalvermittlungsgesellschaft:
→ „Erst nach 6 bis 12 Monaten kommt die Verinnerlichung."

Ein Supervisor und Coach:
→ „Da ist kaum Einsicht festzustellen, eher die hilflose Reaktion ‚Wo springt da der Motor an, und nach 7 bis 8 Monaten sprechen die Impulse nicht mehr an."

Der Pressesprecher eines Landesarbeitsamtes:
→ „Klingt wie eine Demütigung. Die Arbeit muss doch adäquat sein. Für vernünftige Arbeit muss man vernünftiges Geld kriegen."

Frage:
In der Presse liest man von den bestehenden Ängsten, dass Personen entweder damit rechnen bald ihren Arbeitsplatz zu verlieren oder wegen der grossen Konkurrenz gar keine Arbeit mehr zu bekommen: Wie nehmen Ihrer Meinung nach die Personen einen Satz eines Unternehmenschefs auf, den sie in der Presse so lesen?
„Ursächlich zahlt nicht das Unternehmen den Lohn oder das Gehalt der Mitarbeiter, sondern der Kunde mit seiner Zufriedenheit"
Antworten:

Der Pressesprecher eines Landesarbeitsamtes:
→ „Das ist doch selbstverständlich. Der Markt ist entscheidend."

Ein Supervisor und Coach:

→ „Das wird so nicht verstanden. Arbeitnehmer möchten unterkommen und an die Hand genommen werden.“

Ein Berater in einem Arbeitsamt:

→ „Eine solche Perspektive fehlt den Leuten in Deutschland total, in England ist das stärker ausgeprägt.“

→ „Das Empfinden hat eigentlich nur der Unternehmer.“

Der Leiter einer Personalvermittlungsgesellschaft:

→ „Der Kunde muss natürlich zufrieden gehalten werden, nur so können die Arbeitsplätze erhalten bleiben.“

Frage:

Welchen Stellenwert hat für die von Ihnen betreuten Personen die Zukunftsvision, dass gerade durch die globalen Aktivitäten auch die Mitarbeiter zu der Formel finden: Arbeite mit wem, wann und wo du willst (!)?

Antworten:

Ein Berater in einem Arbeitsamt:

→ „In der Tat entstehen zusehends Patchwork-Biographien. Auf kurzfristige Beschäftigungen lassen sich Deutsche noch zu wenig ein.“

Ein Supervisor und Coach:

→ „Da wird man sich fragen ‚Wie soll das gehen? Wer hilft mir dabei?‘ Es ist schon ein hoher Anspruch an den Intellekt.“

→ „Wer länger arbeitslos ist, kann was damit anfangen.“

Der Pressesprecher eines Landesarbeitsamtes:

→ „Es ist die halbe Wahrheit. Das ‚Face to Face‘ ist mir nach wie vor wichtig.“

→ „Andererseits macht die Technik des Internet völlig neue Ressourcen möglich.“

Frage:

Welche Möglichkeiten haben Sie als Berater, die Personen zu bewegen, auch andere Blickweisen wie geschildert zu vermitteln?

Antworten:

Der Pressesprecher eines Landesarbeitsamtes:

→ „Heute ist das Profiling eine festgeschriebene Hauptaufgabe, früher hatten wir es nur im Kopf.“

→ „Wir haben uns zu fragen: ‚Wo liegt der Mehrwert, der für das Unternehmen da sein muss‘?“

Ein Supervisor und Coach:

→ „Wenn die Leute aus eigener Initiative zu mir kommen, ist alles möglich.“

Der Leiter einer Personalvermittlungsgesellschaft:

→ „Erst kommt bei uns das Auffangen, dann das Bereitmachen etwas anderes zu tun.“

Ein Berater in einem Arbeitsamt:

→ „Das geht nur in persönlichen Gesprächen.“

Die Ansichten von Interessenvertretern aus Verbänden und der Politik

Frage:
Sie bewegen sich im Rahmen von Politik und Unternehmen. Was herrscht vor: Sich der Wirtschaftssituation ergeben oder ein Vertrauen, seinen Weg unabhängig von der allgemeinen Entwicklung zu gehen?
Antworten:

Ein ExMinister und Wirtschaftsberater:
→ „Besonders in den neunziger Jahren bis heute hat sich unendlich viel verändert, Globalisierungsprozess, Einigungsprozess, EURO-Einführung, überall zeitgleiche Verfügbarkeit von Daten und Fakten, härter werdender Wettbewerb. Das kann kein Sich Ergeben oder Ignoranz gegenüber der Entwicklung vertragen. Das zwingt zu intelligenten Lösungen auf Unternehmensseite."

Ein praxisnaher Sozialwissenschaftler:
→ „Eigentlich keine Entweder-Oder-Frage. Niemand der erfolgreich sein will kann die allgemeine Wirtschaftssituation ignorieren, aber genauso falsch wäre es, keine eigenen Ziele zu verfolgen. Wir sind Teil einer Gesellschaft und wir teilen ihre Entwicklungen und zugleich sucht jeder seinen eigenen Weg."

Ein Repräsentant des Bundesverbandes der mittelständischen Wirtschaft:
→ "Eine Reihe von Unternehmen schwimmen gegen den Strom. Als kleinere Global Players stehen sie zumeist auf mehreren Beinen. Das gilt nicht für Einzelhandel, Gastronomie, Bau; die haben alle noch mit den Nachwirkungen des Ground Zero vom 11. September und der EURO-Einführung zu kämpfen."

Ein Referatsleiter des Zentralverbandes des Deutschen Handwerks:
→ „Es gibt sicher beide Facetten."
→ „Es gibt zum Glück genügend Beispiele dafür, dass Handwerk auch in diesen Zeiten „Goldenen Boden" haben kann."

Ein Gewerkschaftsvertreter und Mitglied des Landtages:
→ „Wir sind in der Situation der Veränderung; die IG Metall ist nur die Spitze des Eisbergs."
→ „In der öffentlichen Debatte wirken die Gewerkschaften noch als Blockierer, stecken in einer Aussenseiterrolle."

Ein Politiker und Mitglied des Bundestages:
→ „Sich nicht in sein Schicksal ergeben."
→ „Auch darangehen, unabhängig den eigenen Weg zu suchen."

Frage:
Wenn an Sie die Fragestellung herangetragen wird, wie Sie als Mittler >Politik -Unternehmen< auf die Entwicklung Einfluss nehmen können: Haben Sie dann die Möglichkeit, konkrete Unterstützung dem anfragenden Unternehmen zu geben? Welche?
Antworten:

Ein Referatsleiter des Zentralverbandes des Deutschen Handwerks:
→ „Wir bieten unseren Mitgliedern auf den Mittelstand zugeschnittene Unterstützungsmassnahmen an. Dazu gehören Beratung auch für Kleinstunternehmen, einen schnellen Internet-Check zur Unternehmenssituation mit Online-Beratung, Trainings-Workshops."

→ „Wir bieten unseren Mitgliedern eine Reihe von Unterstützungsmassnahmen an, z.B. Beratung, Training-Workshops, Angebote im Internet"

Ein Repräsentant des Bundesverbandes der mittelständischen Wirtschaft:
→ "An erster Stelle steht da die Lobbyarbeit, um die Rahmenbedingungen für den Mittelstand zu beeinflussen. Denken Sie an Steuern, Abgaben, Bürokratieabbau. Dann kommen Veranstaltungen und konkrete Beratungen einschliesslich Bankgespräche."
→ "Zur Unterstützung haben wir ein Versorgungswerk geschaffen."

Ein ExMinister und Wirtschaftsberater:
→ „Politik weiss in aller Regel nicht, wie Wirtschaft funktioniert, Wirtschaft hat nur den Hauch einer Ahnung wie Politik funktioniert. Die erste Hilfe ist für den Mittler, Verständnis für die unterschiedlichen Entscheidungsgründe zu wecken."
→ „Auch Verbände haben neu über ihre Rolle nachzudenken, damit sich Politik und Wirtschaft nicht nur über die Medien die Meinung sagen, was doch niemanden hilft."

Ein Gewerkschaftsvertreter und Mitglied des Landtages:
→ „Wir beteiligen uns an einem Überlebensplan, wenn ein Unternehmen auf eine bestimmte Belegschaft künftig verzichten will."

Ein Politiker und Mitglied des Bundestages:
→ „Die Unterstützung beginnt im Anhören, nach einer Analyse gibt es konkrete Unterstützung, die in Hilfe zur Selbsthilfe mündet und eigene Unternehmenslösungen anregt. Es gilt die Beteiligten zu Experten in eigener Sache zu machen."
→ „Die tatsächliche Teilhabe könnte deutlich verbessert werden. Das muss als Prozess im Management organisiert werden und kann bis zur Landesbürgschaft reichen."

Ein praxisnaher Sozialwissenschaftler:
→ „Das Wichtigste ist die wechselseitige Aufklärung von Wirtschaft und Politik. Unternehmer haben oft keine Ahnung von ihrem politischen Umfeld oder von gesellschaftlichen Entwicklungen. Beide müssen lernen, dass vieles stockt, weil die Bevölkerung mauert."

Frage:
In der Presse liest man mehrheitlich von den bestehenden Ängsten, dass die Unternehmenssubstanz verloren geht und man ggf. als Unternehmer scheitert: Mit welchen Gegengewichten bzw. Gegendarstellungen kann oder könnte wer dagegen halten?
Antworten:

Ein Gewerkschaftsvertreter und Mitglied des Landtages:
→ „Die Stimmung ist schlechter als die tatsächliche Entwicklung."
→ „Der Lobbygedanke, den die grossen Unternehmen haben und umsetzen, muss weitergreifen."

Ein Politiker und Mitglied des Bundestages:
→ „Man ist nicht nur auf die Presse angewiesen."
→ „Unternehmenssubstanz geht auch verloren, wenn man die Produktentwicklung vernachlässigt."
→ „Man sollte ein eigenes Image z.B. auch für ein Sponsoring aufbauen. Das Erscheinungsbild muss aber stimmig bleiben."

Ein praxisnaher Sozialwissenschaftler:
→ „Medien emotionalisieren oft, und das geschieht am ehesten, wenn zu schwarz oder zu rosarot gezeichnet wird. Nüchterne Bestandsaufnahmen sind selten."

Ein Referatsleiter des Zentralverbandes des Deutschen Handwerks:
→ „Wir machen die Missstände in der Politik öffentlich. Gleichzeitig forcieren wir zum Beispiel Kooperationen nach dem Motto „Zusammen sind wir stärker“ oder bieten den Betrieben Rahmenverträge an, die das Mahnwesen preiswerter machen.“

Ein ExMinister und Wirtschaftsberater:
→ „Die Ängste können rational festgemacht werden, denn Unternehmenssubstanz geht durch viele Entscheidungen verloren. Die Unternehmen können selbst die Zukunft gewinnen, mit Markt- und Produktentwicklung, sich auf Rating vorbereiten, Personalausstattung planen. Hier stellen sich viele Antworten auf die irrationale Herausforderung.“

Frage:
Welchen Stellenwert hat die Zukunftsvision, dass gerade durch die globalen Aktivitäten auch die Mitarbeiter zu der Formel finden: Arbeite mit wem, wann und wo du willst (!)?
Antworten:

Ein praxisnaher Sozialwissenschaftler:
→ „Zwar gilt auch hier zu Lande der Satz ‚Gleicher Lohn für gleiche Arbeit‘. Aber die meisten sind nicht bereit, hieraus die Schlüsse zu ziehen, die sich z.B. aus der Globalisierung ergeben.“

Ein Referatsleiter des Zentralverbandes des Deutschen Handwerks:
→ „Wir sehen da mehr Chancen als Probleme.“

Ein Repräsentant des Bundesverbandes der mittelständischen Wirtschaft:
→ "Ist ok. Denn wir sind ja heute mehr Dienstleister, Erfinder, Designer."

Ein ExMinister und Wirtschaftsberater:

→ „Auf dem globalen Markt hat der Unternehmer verloren, der seine globale Positionierung nicht richtig vornimmt. Deutschland ist dabei nach wie vor ein guter Standort."

→ „Es gibt noch immer Leute, die meinen, die Niederlande seien wirtschaftlich Ausland. Hier muss mit falschen Denkmustern aufgeräumt werden."

Ein Gewerkschaftsvertreter und Mitglied des Landtages:

→ „Das wird ganz unterschiedlich sein, je nach Arbeitsgebiet."

→ „Die Gewerkschaften haben eine Schutzrolle, z.B. für Schichtbetrieb."

Ein Politiker und Mitglied des Bundestages:

→ „Die Globalisierung sollte nicht als Drohung, als Keule benutzt werden."

→ „Die Wirtschaft braucht flexible junge Menschen, die nachwachsen und zur Verfügung stehen."

→ „Das Ziel ist, eine immer grösser werdende Freiheit zu erreichen."

Frage:

Welche Möglichkeiten haben Sie als Mittler Unternehmen zu internationalen Kooperationen oder Allianzen auf Zeit zu bewegen, zu fördern?

Antworten:

Ein ExMinister und Wirtschaftsberater:

→ „Ich kann Türen öffnen, weil ich handelnde Personen kenne und anrufen kann. Den Deal muss das Unternehmen allerdings selbst machen."

→ „Der Mittler kann Finger in Wunden legen, ohne dass die Zusammenarbeit zwischen den kooperationswilligen Unternehmen gefährdet ist; er kann quasi vorsortieren."

Ein Repräsentant des Bundesverbandes der mittelständischen Wirtschaft:
→ "Wir haben fortschrittliche Mittelständler, die bereit sind, Synergien von allen Seiten aufzunehmen und auch abzugeben. Das führt zu Unternehmensseminaren und Weitergabe von Ablaufoptimierungen für die Unternehmen, die nicht im Wettbewerb zueinander sind."

Ein Referatsleiter des Zentralverbandes des Deutschen Handwerks:
→ „Die Bereitschaft zur Vernetzung über Grenzen wächst. Wir unterstützen das mit Rat und Tat, ob in den Handwerkskammern oder mit der Consulting in Brüssel."

Ein praxisnaher Sozialwissenschaftler:
→ „Allianzen finden in Zukunft grosse Bedeutung, noch sind sie aber nicht nach dem Geschmack der meisten."
→ „Konkret: Es wird sich ein potenzieller Markt an Maklern auftun, die diese Kooperations- und Allianz-Projekte ausfindig machen und die Unternehmen als ARGE zusammenbringt."

Ein Politiker und Mitglied des Bundestages:
→ „Über Hochschulen, Verbänden den Sinn von Partnerschaften herausstellen."
→ „In bestimmten Feldern strategisch arbeiten und über positive Beispiele berichten."

Frage:
Was haben deutsche Unternehmen für Vorteile? Was sagen Sie z.B., wenn Sie mit solch einer Fragestellung von einem Ausländer konfrontiert werden?

Antwort:

Ein Gewerkschaftsvertreter und Mitglied des Landtages:
→ „Da ist der hohe Bildungsstand der Mitarbeiter; auf der guten Infrastruktur kann aufgebaut werden, und man hat eine berechenbare Verwaltung, übrigens auch eine berechenbare Gewerkschaft, verglichen mit Italien und England.

Ein Politiker und Mitglied des Bundestages:
→ „Ich möchte Liefertreue und hohe Produktqualität nennen."
→ „Anders der Dienstleistungsmarkt, er ist bei uns zu kleinteilig organisiert. Gerade die Dienstleister sind nicht auf das Auffangen schwieriger Phasen vorbereitet."

Ein Repräsentant des Bundesverbandes der mittelständischen Wirtschaft:
→ "Tradition – Entdecker – Flexibilität – Agieren – Ausbildung – Präzision – Zuverlässigkeit."

Ein Referatsleiter des Zentralverbandes des Deutschen Handwerks:
→ „Die hohe Qualifikation der Mitarbeiter im Handwerk wird sich auch in Zukunft als Garant für einen nachhaltigen Erfolg erweisen."
→ „Die Untersuchungen zeigen, dass die deutschen Meisterbetriebe statistisch gesehen deutlich erfolgreicher und weniger krisenanfällig sind."

Ein ExMinister und Wirtschaftsberater:
→ „Wir müssen aufpassen, dass Made in Germany Qualitätsmassstab bleibt und nicht von Made by xyz ersetzt sondern nur ergänzt wird."
→ „Wir müssen unsere Märkte und Kunden intensiver pflegen als bisher."
→ „Der Export von Dienstleistungen zieht häufig das Produkt nach, dabei sind wir noch zu sehr produktfixiert. Gerade vom deutschen Mittelstand kommen noch zu wenig Systemlösungen."

Frage:
Welche Erfolgsaussichten geben Sie Netzwerk-Initiativen, die von der Politik initiiert werden und welche, die von der Unternehmensbasis gestaltet werden? Wie können sich Mittler >Politik – Unternehmen< da einbringen?
Antworten:

Ein Gewerkschaftsvertreter und Mitglied des Landtages:
→ „Beteiligt sind beide."
→ „Aus Projekten müssen Regelinstrumente werden, wenn geprüft wurde, ob eine Verzahnung vor Ort stattfinden konnte."
→ „Anders als die Politik und die Unternehmen sollten die Gewerkschaften und die Unternehmerverbände nicht die Vorreiter bei Initiativen sein."

Ein Referatsleiter des Zentralverbandes des Deutschen Handwerks:
→ „Wir befürworten Initiativen unserer Mitglieder und machen sie über das Internet als kooperative Lösungen allen zugänglich."

Ein Repräsentant des Bundesverbandes der mittelständischen Wirtschaft:
→ "Information ist das A und O. Der alte Fuchs sagt, wo es lang geht, und der junge setzt es um."

Ein praxisnaher Sozialwissenschaftler:
→ "Beide Netzwerkinitiativen haben ihre Berechtigung. Es muss von beiden Seiten her gedacht und gehandelt werden: von Seiten der Politik und der Wirtschaft."

Ein ExMinister und Wirtschaftsberater:
→ „Beide können notwendig und hilfreich sein; es kommt auf die Ziele an, die man verfolgt, und auf die Regionen, in denen sie ihre Wirkung entfalten sollen."
→ „Netzwerke sind gerade für den global arbeitenden Mittelstand unerlässlich, noch herrscht aber die Philosophie vor ‚Nicht zu viel von sich preisgeben'. Diese Blockaden müssen schnell überwunden werden. Es gilt also für alle Partner win-win-Situationen zu schaffen, bis hin zum Joint Venture, mit dem auch international lokale Anbieter einbezogen werden können."

Ein Politiker und Mitglied des Bundestages:
→ „Die Initiativen aus dem eigenen Bereich werden erfolgreich sein."
→ „Gründet Netzwerke!"

Die Aussagen sind eine Auswahl. Am besten:
Sie vervollständigen die Auflistung mit Ihren eigenen Erfahrungen. Sie werden sehen!
So nach und nach gewinnen Sie immer mehr an Kenntnissen Ihres Gegenübers, sei es der Unternehmer, der Berater oder der Interessenvertreter.

Ihre Chancen für Kompetenz und Souveränität nehmen zu und eröffnen Ihnen Möglichkeiten im Kontext der inzwischen bekannten Leitthemen, um sich erfolgreich um eine Stelle zu bewerben oder eine Existenzgründung voranzutreiben.

KAPITEL 11

Ansichten aus Medien in sieben Beiträgen

Die von mir ausgewählten Medienbeiträge kennzeichnen - jeder auf seine Art, von sehr ernsthaft über forsch bis ironisch - das Hire&Fire Management und die diesem innewohnenden Chancen:

- Hire and Fire – Kopf oder Zahl
- Outsourcing!
- Die Wir-Qualität
- Hurra - Ich bin gefeuert!
- Bewerbung leicht gemacht
- Mehr Risiken, mehr Chancen – Trends in der Arbeitsmarktmobilität
- Hire&Fire Management – Chance für Unternehmen und Mitarbeiter

---

Beitrag 1 3SAT online vom 13.12.2001

Hire and Fire – Kopf oder Zahl

von Heinz Gerhäuser / Fraunhofer IIS

Hire and Fire – Kopf oder Zahl?
Die Volkswirtschaften sind im Umbruch, sie entwickeln sich zu Globalwirtschaften, deren Spielregeln noch weitgehend unbekannt sind. Entscheidungen, die von hochdotierten Managern häufig ohne persönliche Haftung getroffen werden, haben den Arbeitern und Angestellten gezeigt, dass sie nur das kleinste Rädchen in einem riesigen Getriebe sind. Meist ohne Vorwarnung, von heute auf morgen gingen allein im Jahr 2000 knapp 150.000 deutsche Unternehmen Konkurs.

Und was danach kommt, hat man oft genug gehört:
Wenn sich kein neuer Investor findet, treten nur noch wirkungslose Sozialprogramme auf den Plan - halbherzige Rettungsversuche, die von vorne herein zum Scheitern verurteilt sind. Dann steht man eben auf der Strasse oder vor dem Arbeitsamt und hofft, dass es irgendwie weiter geht. Irgendein Job muss sich doch finden.

"Hire and Fire."
Ist dies der Weg in die Globalwirtschaft? Verkommt der Arbeitsplatz zum Gelegenheitsjob und der Arbeiter zum Nomaden, der zeitlebens dem Kapital hinterher zieht? Irgendwo liegt immer etwas Geld auf der Strasse und wenn es eingesammelt ist, zieht man weiter. Diese Form der Arbeitssuche ist im Land des Goldrausches und der Geisterstädte schon länger bekannt.
Der Reichtum der Vereinigten Staaten begründet sich weitgehend auf die Mobilität ihrer Wirtschaft. Lukrative Ideen werden schneller verfolgt, Geschäfte zügiger abgewickelt. Energie und Arbeit sind billig, und Nebenjobs die Regel. Werden Deutschland und Europa dem Modell USA nacheifern müssen?

Ein Hochlohnland wie Deutschland ist darauf angewiesen, dass die Bindungen zwischen Arbeitnehmer und Unternehmen enger sind, unter anderem deswegen, weil die Arbeitgeberseite auf Qualifikationen angewiesen bleibt.

In Amerika hat man Jobs und Jobs kommen und gehen.
In Deutschland hat man Berufe.

Man legt grossen Wert auf Qualifikationsstrukturen, die innerhalb des Unternehmens wie auch zwischen den Unternehmen weitergegeben und vermittelt werden können.

Daher würde ich die These aufstellen, dass dieser Unterschied zwischen der deutschen und der amerikanischen Wirtschaft noch für längere Zeit zu beobachten sein wird, das heisst: die Beziehungen zwischen Arbeitnehmer und Unternehmen sind in Deutschland enger als in Amerika. Werden Loyalität und Engagement nicht auf eine zu harte Probe gestellt, wenn Arbeiter und Angestellte heute nicht wissen, wer morgen ihr Gehalt zahlt? Können sie ihrer Arbeit, ihres beruflichen Fortkommens noch sicher sein?.

Also ich kann mir vorstellen, dass Betriebe, die etwas weniger dramatische Schwankungen durchlaufen - oder die zumindest dafür sorgen, dass diese Schwankungen nicht so dramatisch sind, wie wir sie zur Zeit erleben - auch von den Arbeitnehmern als attraktiv empfunden werden.
Ich glaube, dass der Mitarbeiter, der weiss, dass sich der Betrieb um seine weitere Qualifikation - und damit im Grunde genommen um die Erweiterung und Verbesserung seiner Karriere - bemüht, dass das ein attraktiver Betrieb ist.
Und nur dort, wo man das Gefühl hat, dass bei der ersten Krise sofort Mitarbeiter entlassen werden, ich glaube, dass dort eher eine Fluktuation eintritt.

Beitrag 2   Rheinische Post   12.6.2003

Outsourcing!
von Wolfram Goertz

DER CHEF
„Lieber Kollege P., gut, dass Sie neunzig Sekunden Zeit für mich haben. Ich will es auch kurz machen.

Sie wissen, dass wir Sie sehr schätzen.
Aber Ihre Tätigkeit wollen wir künftig bei einem externen Büro einkaufen. Die sind auf Arbeiten Ihrer Fachrichtung spezialisiert.
Sie wissen ja, Outsourcing – das machen wir jetzt alle. Dafür haben sie gewiss Verständnis?“

(Pause. Schweigen.)

DER CHEF
„Übrigens, wir müssen uns überhaupt alle Dienste, die in Ihren Bereich fallen, von diesem Büro liefern lassen, denn Ihre ganze Abteilung wird leider aufgelöst.
Aber wir haben mit dem Büro verhandelt.
Die würden Sie und die Kollegen übernehmen. Sie sind ja ein prima Team und wollen zusammenbleiben.
Das unterstützen wir.
Gemeinsam kommen Sie leichter darüber hinweg, dass Ihre zukünftigen Gehälter vermutlich ... nun ja ...äh...deutlich geringer ausfallen werden.“

(Pause. Schweigen)

DER CHEF
„Sie haben natürlich die Möglichkeit, sich anderweitig umzusehen, wenn Ihnen die Konditionen nicht interessant erscheinen.“

(Gemurmel. Geröchel.)

DER CHEF
„Wie bitte?

Nein, in unserer Betriebsgärtnerei ist momentan keine Stelle frei. Verraten Sie's nicht weiter: Deren Leistungen werden auch bald outgesourct.
Sollte sich irgendwo bei uns eine Vakanz ergeben, melden wir uns wieder.
Wie sie wissen, sind Sie uns sehr lieb.
Aber momentan zu teuer."

(Beide ab und P. für immer)

Beitrag 3 brandeins Wirtschaftsmagazin Juli 2003

Die Wir-Qualität - Auszug / leicht bearbeitet -
von Wolf Lotter

Doch Pragmatismus – die Tatsache, dass Netzwerke in der Welt sind und funktionieren – ändert die Verhältnisse. Wer am und mit dem Netzwerk arbeitet, empfindet die alte industrielle Einteilung in einen 8-Stunden-Tag und eine 5-Tage-Woche bestenfalls als lächerlich. Natürlich verschmelzen Arbeit und Freizeit durch neue Medien – doch schlecht ist das nur für die Hüter der alten Ordnung.
Das Netzwerk verlangt äusserst bewussten Umgang:
Networker sind selbst dafür verantwortlich, wann sie arbeiten oder sich eine Pause gönnen. Das klingt banal, ist aber in Sachen Selbstbestimmung ein ungeheurer Durchbruch. Die Verschmelzung von Arbeit und Freizeit gilt den Bewahrern der Industrieordnung als unsozialer Gräuel – sie ist aber das Gegenteil.
Die strikte Trennung von Beruflichem und Privaten ist eine Doktrin, die es schwieriger macht, im Arbeitsumfeld Beziehungen einzugehen.

Persönliche Freundschaften am Arbeitsplatz kosten Zeit – zur Beziehungspflege. Und machen Ärger, nämlich all jenen, die effizient und reibungsfrei führen wollen. Der Egoismus der achtziger Jahre liess sich vortrefflich mit dem alten Prinzip vereinbaren:
Dienst ist Dienst, Schnaps ist Schnaps, und wem gekündigt wurde, hatte schlicht Pech. Kein Wunder, dass Mobbing seit den achtziger Jahren zu einem Dauerthema der innerbetrieblichen Sozialabläufe wurde. Die alten Strukturen boten, wenn überhaupt, nur das beruhigende Geschwätz von Personalführungs-Gurus. Doch mit dem Internet wuchs das Netzwerk, das nicht nur technisch und sozial auf Partnerschaften angewiesen ist: Netzwerke sind Partnerschaften. Genau hier wird die Sache für die alten Seilschaften richtig unangenehm.
Denn Beziehungen sind eben nie ganz risikoarm und nebenwirkungsfrei. Wer mit Freunden arbeitet, muss auch ihre Launen anders ertragen als in einem künstlich errichteten Betriebsgebilde, in dem die Tarnung der eigenen Befindlichkeiten oberstes Gebot ist.

Beziehungen sind nicht kalkulierbar. Genau das macht sie in den Augen der beziehungsgestörten Machthaber so unausstehlich:
Der seit Jahrzehnten bestehende Trend zur Säkularisierung von Wirtschaft und Gesellschaft hat auch mit tiefen persönlichen Enttäuschungen zu tun. Wo eine Beziehung existiert, kann auch Vertrauen gebrochen werden – ein Risiko, dem sich eine wohlhabende Gesellschaft immer weniger zu stellen bereit ist.
Doch Veränderungen sind immer riskant.
Die Angst davor stand den Piëchs und Lopez' ebenso ins Gesicht geschrieben wie dem durch jahrelange Parteikämpfe zermürbten Joschka Fischer. Und was meint Gerhard Schröder damit, wenn er sagt, dass ab einer bestimmten Spielklasse Mitleid keine Rolle mehr spielen darf?
Sie meinen, gekränkt, es geht auch anders.

Allein. Irgendwie.
Dann kommt es nur noch drauf an, ob die Beziehungs-Gestörten aus ihrer selbst verordneten Isolierhaft gerissen werden. Bei jenen, die auf hohe Abfindung und Politikerrente hoffen dürfen, ist das wohl vergeblich – bei anderen, die das System ausspuckt, ist alles drin. Denn Praxis braucht Partnerschaft, und daraus wird möglicherweise sogar ein eigenes Geschäft.

Wie bei Karl Niemann.
Der in Düsseldorf wohnende Manager mit Lehrabschluss Industriekaufmann und Theologicum/Philosophicum als Abschlüsse in Geisteswissenschaften machte sich als gefeuerter Geschäftsführer eines HighTech-Unternehmens vor 15 Jahrem im Technologiezentrum Aachen selbständig.
Im vorigen Jahr schuf er ein heute in Essen erfolgreiches Projekt. Dabei werden arbeitslose Akademiker und Praktiker zu Partner-Gruppen zusammengestellt, die sich potenziellen Arbeitgebern anbieten. Das gibt ein Gefühl der Stärke und scheint auch erfolgreicher zu sein als die Massnahmen vom Arbeitsamt:
Ein Drittel der Partner-Gruppen von allpha.net haben nach einem halben Jahr einen Job bei einer Firma oder ist selbständig tätig.

Das Schwierigste dabei, sagt Niemann, ist die Ausgangssituation der Partner:
„Wenn man sich fragt, welche Partner brauche ich, dann glauben gerade Gründer oft, sie könnten alles selbst. Doch jeder muss sich klarmachen, was er selbst kann und was nicht. Der erste Schritt zur Partnerschaft lautet:
Erkenne dich selbst.
Das Einzelkämpfertum bringt nichts."
Beziehungen sind also doch kalkulierbar – wenn man bei der eigenen Nase anfängt. Genau das ist die Substanz von Partnerschaften:

Wer nicht in der Lage ist, sich selbst einzuschätzen und sein Können, seinen Wert an und für sich zu erkennen, der taugt auch nicht für Partnerschaften. Es geht nicht um Teams – jene überschätzten Ansammlungen von Menschen, die Verantwortung nur delegieren. Wer sein Ich nicht erkennt, wird das Wir nie kapieren, und wer will, dass sich die Dinge ändern, muss Kooperationen suchen, Beziehungen aufbauen, selbst wo schon Hopfen und Malz verloren zu sein scheint – in Staat und Politik.

Meinhard Miegel, der mit Gleichgesinnten im Mai die Plattform Bürgerkonvent gründete, setzt auf ausserparlamentarische Organisation, ein Kernstück der Zivilgesellschaft, die bewusste, handlungsfähige und aktive Bürger braucht.
Warum tut man so etwas?
„Politiker für letztklassig zu halten, ohne auch nur der geringsten Versuch zu machen, an diesem Umstand etwas zu ändern, das geht nicht“, findet er. „Viele von uns haben noch nicht gelernt, wie man in einer modernen Bürgergesellschaft zusammenlebt – wie man kooperiert.“
Doch der Kunde – der Bürger – ist König, weiss Miegel: „Das Volk, der Prinzipal, gibt seinen leitenden Angestellten, der Regierung, bisher nur diffuse Anleitungen. Partnern aber sagt man klar und deutlich, was man möchte.“

Die Kritik am nörglerischen Egoisten, der alles doof findet, teilt auch der Politiker Oswald Metzger. Die neuen Partner in Unternehmen und Politik, die es braucht, müssten „Manager des Gemeinwohls sein – das muss ein neues Selbstverständnis sein, die Definition von Handeln, ganz egal, ob es um Politik, Geschäfte oder die Gemeinde geht“.
Das Zutrauen, weiss Metzger, ist bereits da – und er teilt die Erfahrung vieler, die in den neuen rauen Zeiten auf der Suche nach Part-

nern, Hilfe und Unterstützung nicht mehr auf die kalten Augen der Erben von Piëch und Lopez treffen und auch nicht mehr auf die Besserwisser, die einst das Vertrauen ihrer Brüder und Schwestern im Osten missbrauchten.
„Ich merke überall, dass die Leute enger zusammenrücken und sich nicht mehr damit zufrieden geben, sich von Problemen wegzudrehen – ob es Arbeitslose sind oder Menschen, die versuchen, die Zustände nicht so zu lassen, wie sie sind. Man redet wieder miteinander und nimmt andere ernst."
Wahrscheinlich, glaubt Metzger, ist das nichts weiter als ein Selbstschutz: Denn Arbeitslosigkeit, Zusammenbruch, Konkurs, der schlagartige Verlust der materiellen Existenz, „kann heute jeden treffen, jederzeit. Die Menschen spüren dass – und sie sagen nicht mehr: Mich kann es nicht erwischen".

Vor nicht allzu langer Zeit wäre Metzger wohl nur ein dissidenter Abgeordneter gewesen, nichts weiter als ein Ex-Mitarbeiter, der an seinem Ex-Arbeitgeber herumnörgelt. Doch das Spiel funktioniert nicht mehr: So trifft Metzger auf den bundesweiten Touren für sein neues Buch „Einspruch!" „unglaublich viele Menschen, die überhaupt nicht zu den klassischen Aussteigern gehören, sondern Einsteiger sind – die was tun wollen und können, und die wissen, dass es für sie ein ziemliches Risiko ist. Aber das macht sie mutiger und klarer für die Realität".
Wer hätte das gedacht:
Wir rechnen mit dem Schlimmsten und verlieren dabei Ängste und eine Menge Arroganz. Vielleicht geschehen dann auch Wunder: Wessis, die im Osten daran arbeiten, Vertrauen zurückgewinnen – und sei es nur, um sich mit Menschen austauschen zu können, die gelernt haben, was es heisst, zu verlieren und wieder aufzustehen.
Nicht nur in der DDR.

Der Blick könnte sich weiten – auf den Nächsten, auf mögliche Beziehungen, die das Alte nicht mehr brauchen. Selbst wenn alle Stricke reissen: Das Seil könnte halten.
Es hätte Wir-Qualität!

Beitrag 4 De Volkskrant, Amsterdam 24.5 2003

Hurra, ich bin gefeuert! (Hoera, ik ben ontslagen!)
von Natascha van Aalst und Pieter Hilhorst
(deutsche Übersetzung durch Karl Niemann):

Seit dieser Woche glauben wir offiziell an eine Rezession, und die Arbeitslosigkeit steigt stark. Vor allem denen in den Zwanzigern kommt das Weinen. Bisher haben sie nichts anderes mitgemacht als dass es für sie gut ging auf dem Arbeitsmarkt. Das Weltbild der in den Zwanzigern schliesst nahtlos an dieses Erfolgsgeschehen an. Sie werden gern die grenzenlose Generation genannt. Sie sind selbstbewusst, individualistisch und haben einen grossen Glauben an ihr eigenes Können.

Nun wird denen in den Zwanzigern ihre grosse Selbstüberschätzung gewahr, zunächst verstohlen. Demzufolge sind ihre Augen noch nicht wirklich für die schlechte ökonomische Realität geöffnet.
Sie fragen noch immer ‚Wie schnell kann ich Geld verdienen?' und ‚Wie kann ich Karriere machen?', aber nicht ‚Wie komme ich in einen Betrieb hinein?

In 1999, im Höhepunkt des Wirtschaftsbooms hatten 27 Prozent der arbeitenden Jüngeren einen Zeitvertrag. Das Ideal einer Festanstel-

lung bis zur Pensionsgrenze ist für jene kein Traum, eher ein Albtraum. Auch ist ihre Bindung an den Betrieb oft gering.
Mit ein wenig Phantasie wird Entlassung zu einer Form von ‚Jobhoppen'.

Eine Marktwirtschaft hält die Menschen an, verantwortlich zu sein für ihr eigenes Leben. Sie, die Erfolg haben, wissen, dass ihre eigene Erfindungsgabe nicht vom Zusammenkommen glücklicher Umstände abhängt. Das ist eher eine kollektive Verleitung, um den eigenen Einfluss auf die Wirklichkeit zu überschatten.

Die Wirtschaftskrise formt eine permanente Bedrängung der Idee, dass man sein Leben selbst in die Hand zu nehmen hat.
Die Jüngeren wollen alles und sind nicht in der Lage zu wählen.
In der individualistischen, hedonistischen Kultur geht es um das Geniessen. Daran muss man im Leben soviel wie möglich teilhaben. Aber was ist, wenn man nicht in der Lage ist, aus der unendlichen Vielfalt von Möglichkeiten, die sich einem auftun, zu wählen?
Das kann lähmend wirken!

Die Erkenntnis, dass da Kräfte sind, die grösser sind als man selbst ist, kann auf jeden Fall Entspannung bringen. Eine Ahnung von Zufriedenheit kehrt zurück. Der Blick nach oben wandelt sich in einen Blickrichtung nach unten: ‚Ich find vielleicht nicht meinen Traumberuf, aber ich habe jedenfalls einen Job. So schlecht habe ich es nicht getroffen.'

„Meine Entlassung hat mich zum Nachdenken gebracht, wie es mit meinem Leben weitergehen muss."
Es geht nicht mehr um die Frage ‚Was will ich alles?' nur um: ‚Wo bin ich eigentlich gut drin?'

Während es bei dem hedonistischen Geniessen um hier und heute ging, ist nun für die Erkundung und Entwicklung der Qualitäten der Blick auf die Zukunft gerichtet und geht der Befriedigung des wirklich Unentbehrlichen voraus. So zwingt die Krise die Menschen, kreativer und charaktervoller zu sein.

Beitrag 5 Rheinische Post 31.5.2003

Bewerbung leicht gemacht - Auszug / leicht gekürzt -
von Thomas Wels

→ Wo bewerben?
Vor der Bewerbung sollte sich der Kandidat darüber klar werden, ob eine bestimmte Branche und das jeweilige Unternehmen zu ihm passt und die Frage abklären, ob die Wahl ein Sprungbrett für die weitere Karriere sein kann.

→ Information
Unabdingbar ist es, über die jeweilige Branche und insbesondere das Unternehmen informiert zu sein. Tagespresse, Fachpresse und Internet helfen da weiter.

→ Die Bewerbung
Der Umschlag sollte durchsichtig und kopierfreundlich sein, das Papier von guter Qualität, das Photo professionell. Auf allen Seiten der Bewerbung sollte die Kontaktadresse wie Handy-Nummer und e-Mail-Adresse zu finden sein. Der Lebenslauf sollte heute beginnen und in die Vergangenheit reichen. Die Bewerbung sollte auf die Personalanzeige abgestimmt sein. Der Grund der Bewerbung, die Ge-

haltsvorstellungen, die Verfügbarkeit gehören ebenso dazu wie Zeugnisse.

→ Das Gespräch

Zur Vorbereitung sollte der Kandidat Informationen über das Unternehmen gesammelt und ein Liste mit zu klärenden Fragen erarbeitet haben: Aufgabenprofil, Kompetenzen, Einarbeitungszeit, Gehalt und ein Entwicklungsplan sind wichtige Punkte. Das Gespräch sollte nicht als Verhör aufgefasst werden. Monologe sind zu vermeiden, Lachen schafft ebenso eine offene Atmosphäre wie eine bewusste Körpersprache. Schweigen kann der Kandidat nutzen, um Fragen zu stellen. Notizen machen ist hilfreich, die Frage nach den Fahrtkosten ist nicht verkehrt.

Beitrag 5 Synergie Journal 3/2003
Publikation Technologiezentren NRW

Mehr Risiken, mehr Chancen?
Trends in der Arbeitsmarktmobilität

Interview mit Prof. Dr. Martin Diewald

Prof. Dr. Martin Diewald – Soziologe an der Universität Duisburg/Essen - befasst sich in seinen Arbeiten mit Strukturanalysen in Wirtschaft und Gesellschaft, neben Familien und Lebensformen auch mit den Schwerpunkten Arbeitsmarkt und Beruf.
Mit Professor Diewald sprach TecLine Kommunikation über die Ergebnisse der o.g. Untersuchung von Martin Diewald und Stephanie Sill.

TecLine Kommunikation: Herr Professor Diewald, Sie stellen für Deutschland bei der Herausarbeitung der Trends in der Arbeits-

marktmobilität in einer für Westdeutschland repräsentativen Auswertung des sozio-oekonomischen Panels 1985-2000 tiefgreifende Veränderungen fest. Welche Tendenzen stellen Sie in den Vordergrund?

Professor Diewald: Nun, am wichtigsten scheint mir, dass wir festgestellt haben, dass die verbreiteten Wahrnehmungen von gestiegener Unsicherheit auf dem Arbeitsmarkt durchaus begründet sind, und zwar jetzt auch den Beschäftigten. Bisher galt ja für Deutschland die Feststellung, dass diejenigen, die einen Arbeitsplatz haben, vergleichsweise gut da stehen, während auf der anderen Seite das nicht kleiner werden wollende Heer der Arbeitslosen steht. Und in Deutschland gibt es zudem besonders wenig Fluktuation zwischen Arbeitslosigkeit und Beschäftigung, das heisst, wir hatten es hier mit einer starken Polarisierung in Gewinner und Verlierer zu tun.
Jetzt ist es aber so, dass das Risiko von Einkommensabstiegen deutlich gestiegen ist, und zwar sowohl dann, wenn man den Arbeitsplatz wechselt, als auch dann, wenn man noch auf dem selben Arbeitsplatz bleibt. Beides ist aber vor dem Hintergrund der bisherigen Erfahrungen ganz aussergewöhnlich für Deutschland, wo die Erwartung einer permanenten Verbesserung im Laufe des Erwerbslebens zum unverrückbaren Besitzstand der Arbeitsplatzbesitzer gehörte.

TecLine Kommunikation: Sie konzentrieren sich auf die Untersuchung der Neunziger Jahre. Sie wissen, dass gerade unsere Politiker bzw. die Parteien sich gegenseitig vorwerfen, das Thema Arbeitsplatzerhalt oder Arbeitsplatzmobilität nicht schon vor 10 Jahren und mehr angegangen zu sein?

Professor Diewald: Ich konzentriere mich auf die Entwicklung seit Mitte der 1980er Jahre, weil ich eben nur dafür die notwendigen Daten hatte. Wir wissen allerdings aus anderen Untersuchungen, dass sich vorher nicht viel getan hat in den Mustern der Arbeitsplatzmobilität – wen man einmal von der traurigen Entwicklung absieht, dass sich seit Mitte der 1970er Jahre stetig das Problem der Arbeitslosigkeit aufgebaut und auf einem vorher nie für möglich gehaltenen Niveau festgesetzt hat. Noch am Anfang der 1980er Jahre gab es viele Stimmen, die gesagt haben, eine Arbeitslosenquote von mehr als fünf Prozent hält diese Gesellschaft nicht aus, ohne dass es massiven Aufruhr gibt. Doch den hat es nicht gegeben, wohl nicht zuletzt deshalb, weil Arbeitslosigkeit im Vergleich zu fast allen anderen Ländern bei uns finanziell noch vergleichsweise gut abgefedert ist.

TecLine Kommunikation: Wollen Sie damit sagen, den Arbeitslosen geht es bei uns zu gut?

Professor Diewald: Nein, das nun wieder nicht, obwohl es sicher auch Missbrauch gibt. Nicht umsonst spricht man bei modernen Ländern von „Arbeitsgesellschaften", und die sind trotz aller Arbeitsmarktprobleme auch keineswegs am Ende Da kann keine finanzielle Unterstützung allein Abhilfe schaffen. In mehr Druck auf diese Teilgruppe der Arbeitslosen die Lösung unserer Probleme sehen zu wollen ist aber nach übereinstimmender Expertenmeinung viel zu einfach. Man darf auch nicht vergessen, dass Erwerbstätigkeit trotz aller Unkenrufe und Appelle immer noch der konkurrenzlose Schlüssel für soziale Anerkennung ist.
Um aber zu Ihrer Frage nach dem Handeln der Politik zurück zu kommen: Wir haben zu lange auf unser altes politisches System der Aushandlung von konkreten politischen Massnahmen zwischen Interessengruppen gesetzt. Und das betrifft eben nicht nur die „Politiker" im herkömmlichen Sinn, sondern auch die Interessenvertreter in den entsprechenden Verbänden. Dieser Aushandlungsprozess hat es offensichtlich nicht geschafft, der Schaffung von Arbeitsplätzen Vorrang gegenüber der Versorgung der Arbeitsplatzbesitzer in Form von

hohen Einkommen, niedrigen Arbeitszeiten und guter sozialer Absicherung einzuräumen. Arbeit ist dadurch vergleichsweise teuer, und Neueinsteiger haben es besonders schwer auch dann, wenn sie leistungsfähiger und –bereiter als diejenigen sind, die „drin sind“.

TecLine Kommunikation: Sie haben in Ihrer Untersuchung die wirtschaftskonjunkturelle Entwicklung in unserem Land abschätzen können und parallel dazu die Erwerbsverläufe rekonstruiert. Diese Aufschlüsselung gibt ein interessantes Bild. Warum werden wir erst jetzt mit einer so differenzierten Analyse konfrontiert?

Professor Diewald: Die Aufbereitung der Daten ist extrem aufwändig und fehleranfällig. Da ist besondere Sorgfalt notwendig, und das dauert seine Zeit. Dennoch sind die Daten, die den Zeitraum bis zum Jahr 2000 abdecken, ja relativ frisch. Differenzierte Analysen gab es durchaus auch schon vorher, aber man muss eben sehen: Deutliche Veränderungen nicht nur bei einzelnen Beschäftigtengruppen, sondern auf repräsentativer Ebene sind offensichtlich erst in der zweiten Hälfte der 1990er eingetreten.

TecLine Kommunikation: Kommen wir zu den Kernelementen in Ihrer Untersuchung. Wie verhält es sich denn mit der Stabilität und der Sicherheit des Arbeitsplatzes?

Professor Diewald: Die Sicherheit hat definitiv abgenommen. Dies betrifft leicht gestiegene Arbeitslosigkeitsrisiken und vor allem wachsende Abstiegsrisiken – und das, obwohl es eigentlich keine durchgreifenden institutionellen Veränderungen gegeben hat. Und das hat auch nur teilweise etwas mit der wirtschaftlichen Entwicklung zu tun. Aber selbst dann, wenn wir eine bessere Wirtschaftsentwicklung gehabt hätten als die, die wir haben, dürften die Risiken angestiegen sein.

TecLine Kommunikation: Arbeitsmarktmobilität bedeutet Flexibilisierung. Sie unterscheiden dabei intern und extern. Können Sie das in konkrete Beispiele fassen?

Professor Diewald: Externe Flexibilisierung meint, dass unternehmerische Risiken, etwa ein Schwanken der Ertragslage, durch Einstellungen und Entlassungen bewältigt werden. Durch Entlassungen werden sofort Kosten reduziert, und wenn Leute gebraucht werden, stellt man sie eben wieder ein. Bei Entlassungen werden die Betroffenen dann mit Arbeitslosigkeit konfrontiert, oder sie finden häufig nur einen neuen Arbeitsplatz, der schlechter ist. Das ist aber nicht nur riskant für die Beschäftigten, sondern auch für die Unternehmen, denn diese Strategie hat den Nachteil, dass man so nicht gerade die Motivation und die Bindung der Beschäftigten an das Unternehmen stärkt. Und wenn man vorher in die Beschäftigten investiert hat durch Schulungen, Weiterbildungen und schlicht auch das training-on-the-job, dann gehen diese Investitionen verloren.

Hier hat die Strategie der internen Flexibilisierung ihre Vorteile: Es werden weniger Personen entlassen als vielmehr die Arbeitszeit reduziert ohne Lohnausgleich oder die Arbeitszeit erhöht ohne Lohnausgleich – wie gerade bei den Beamten, oder es werden Vergünstigungen gestrichen bzw. das Einkommen an die Ertragslage gekoppelt. Auch so können die Personalkosten reduziert werden, ohne dass gleich Leute entlassen werden.

TecLine Kommunikation: Wie ist Ihr Untersuchungsergebnis zu verstehen, dass eine längere Berufserfahrung mit höherem Arbeitsplatzrisiko verbunden ist?

Professor Diewald: Da liegt ein Missverständnis vor. Im allgemeinen ist es umgekehrt, und das ist auch so bei unserer Untersuchung.

Dass Beschäftigte mit längerer Betriebszugehörigkeit und nach der Etablierung auf dem Arbeitsmarkt besser geschützt sind als andere, ergibt sich aus vielen Faktoren, nicht zuletzt aus dem Senioritätsprinzip, dem Kündigungsschutz und den Sozialplänen. Was wir jetzt jedoch festgestellt haben für die letzten Jahre ist, dass dieser relative Vorteil sich verringert hat. Das heisst, die Zeit der Ruhe und Gelassenheit für die älteren Arbeitnehmer ist tendenziell vorbei.

TecLine Kommunikation: Warum, Herr Professor Diewald, ist es Ihnen wichtig gewesen, neben den Risiken auch die Chancen vorzustellen? Wobei Sie ja noch ein Fragezeichen machen?

Professor Diewald: Beschäftigungsstabilität hat in zweifacher Hinsicht ein Janusgesicht. Zum einen vernachlässigt sie die Betrachtung derjenigen, die gar keinen Arbeitsplatz haben. Die tauchen da schlicht nicht auf, egal wie viele das sind und wie lange die draussen sind. Mit anderen Worten: Beschäftigungsstabilität kann mit Chancenlosigkeit für die Anderen einher gehen. Genau das war lange Zeit der Fall.

Zum zweiten kann aber auch für diejenigen, die einen Arbeitsplatz haben, Beschäftigungsstabilität einerseits Sicherheit vor Abstieg und Arbeitsplatzverlust bedeuten, andererseits aber auch das Fehlen von Chancen auf bessere Arbeitsplätze. Ein realistische Einschätzung erhält man also erst dann, wenn man Chancen und Risiken zusammen betrachtet.

Ausserdem ist es so, dass die Erosion von Chancen durchaus auch als Risiko wahrgenommen werden kann, nämlich dann, wenn die Existenz solcher Chancen mit einer hohen Erwartungssicherheit verbunden war. Dies ist typischerweise der Fall bei innerbetrieblichen Aufstiegen. Denken Sie an Karriereleitern, die durchaus auch langsam aber stetig hinaufgeklettert werden können, oder an die ritualisierten Einkommenssteigerungen jedes Jahr oder bei jedem zweiten

Geburtstag. Und genau da ist nach unseren Ergebnissen die zweite grosse Veränderung passiert: Solche permanenten Verbesserungen haben an Erwartbarkeit signifikant eingebüsst. Insgesamt ist es leider derzeit – und damit meine ich noch die Zeit bis 2000, also den Zeitraum, den wir bisher untersuchen konnten - noch so, dass nur die Risiken gestiegen sind, nicht aber die Chancen.

TecLine Kommunikation: Kann man aus Ihren Ergebnissen herauslesen, dass bei Beschäftigungsstabilität – die ja allgemein als wohltuend gesehen wird – Chancen vernachlässigt werden?

Professor Diewald: So weit würde ich bisher nicht gehen, das geben die Ergebnisse nicht her. Theoretisch ist das wahrscheinlich, aber nicht zwangsläufig so. Aber wir stehen ja auch erst am Anfang unserer Analysen.

TecLine Kommunikation: Sie kommen in Ihren Aussagen zu einer These, dass nicht nur die Grossunternehmen sondern auch die kleinen und mittleren Unternehmen verstärkt Mitarbeiter freigesetzt haben. Die allgemeine Erfahrung bisher zeigt, dass die KMUs ihre Fachkräfte so lange als möglich halten, damit bei Wiederanziehen der Konjunktur ein etwaiger Aderlass nicht alle neuen Marktchancen verhindert. Können Sie das näher erklären?

Professor Diewald: Ich habe in den von mir verwendeten Daten keine Informationen dazu. Dies wird Gegenstand eines anderen Projektes zusammen mit weiteren Kollegen sein, das wir derzeit beantragen. Aber eine ziemlich wahrscheinliche Vermutung ist, dass in kleinen und mittleren Betrieben bei angespannter Marktlage die finanziellen Spielräume zu gering sind, um Ihrer an sich richtigen Feststellung auch folgen zu können.

TecLine Kommunikation: Sie votieren, Herr Professor Diewald, in Ihren Schlussfolgerungen für wesentlich mehr Selbststeuerung und Eigeninitiative, um der gestiegenen Komplexität nicht nur der betrieblichen Aufgaben Herr zu werden. Erklären Sie das näher?

Professor Diewald: Direkt aus meinen Untersuchungen zum derzeitigen Stand kann ich das nicht belegen. So viel Ehrlichkeit muss sein. Aber angesichts des gestiegenen Entwicklungstempos und der gesunkenen Möglichkeiten, über Abschottungsmassnahmen Stabilität herzustellen, sind grossflächige, undifferenzierte Strategien nicht sehr aussichtsreich. Auch wenn es weh tut, dass Sicherheiten abnehmen mögen, und beispielsweise mir das Weihnachtsgeld gekürzt und das Urlaubsgeld gestrichen wird: Viel wichtiger ist es, dass die Arbeitslosigkeit endlich einmal eingedämmt wird. Und ich es kann meinen drei Kindern auch nicht antun, dass Sicherheiten heute hemmungslos auf Pump finanziert werden.

Beitrag 6 Wirtschafts-Nachrichten TOP THEMA 7/2003
+ Manager-Magazin SPARKASSE Kolumne 6/2003

Hire&Fire Management – eine Chance für Unternehmen und Mitarbeiter

Autor: Karl Niemann, Düsseldorf

Was haben wir?

Wirtschaftswachstum ist schon längst ein Element, zu dem Politiker, Wissenschaftler und Unternehmen eine spannungsgeladene Beziehung entwickelt haben; Mitarbeiter und Stellensuchende in diesen Zeiten eher eine tragische. Rasselt's doch nur von Nachrichten über Bündelung, Konzentration, eben Restrukturierungen in den Unternehmen, meist als (Out-)Sourcing bezeichnet, auch wenn's dann Outplacement wird. Stabs- und Marktfolgebereiche werden überregionalisiert. Nicht nur Rechenzentren und IT-Abteilungen oder Back Offices im Vertrieb als auch Bereiche für Human Resources - alles, was möglich ist, soll künftig ausgegliedert werden.

Bei der Bereinigung der Kostenstruktur wird dieser Terminus publizistisch als Begründung nicht in den Vordergrund gerückt, vielmehr ist die Rede – verklausuliert – vom zu erneuernden Empowerment, konkret schon mal von der notwendigen Vertriebsfähigkeit der Beschäftigen. Die sinngebenden Beiträge der noch vor kurzem hoch aufgehängten Unternehmenskultur verstehen sich da wie abgeschnitten, von der Unternehmenspraxis abgetrennt, besonders pointiert wenn deren Funktionen als leistungsstimulierende Gestalter für Koordination, Integration, Identifikation und Motivation propagiert werden. Vom Schlankmachen vergangener Zeiten spricht niemand mehr, geht es doch allzu vielen um's Überleben selbst.

Und dann erst die Nachrichten aus Nürnberg, der Hauptabteilung der Arbeitsämter des Landes: ein Schock für die Beschäftigten „Gehöre ich bald dazu?“ und für die Unbeschäftigten „Wie soll ich bei dem Andrang einen Job kriegen?“ Lähmung ist die Folge, und das gilt für alle im Kreislauf von Unternehmen, Job und Jobsuche.
Wen wundert's - bei dem Wirtschaftsflachtum (!) und den bald 5 Millionen Arbeitslosen?

Und? Wie können aus den Krisen Chancen erwachsen?

Was kommt da auf uns zu?

Ja, die Zeiten haben sich geändert. Wahrhaftig! Dramatisch! Zu einer Neuorientierung hilft nur adäquat Radikales, mit Mut zu Einstellungsänderungen - eine wirkliche Innovation. In kreativem Tun haben wir uns mit den neuen Gegebenheiten auseinanderzusetzen, wenn nötig lernen wir uns dabei erneut kennen, vielleicht so wie Baltasar Gracián y Morales: „Man muss nur lernen, die Dinge der Welt sämtlich verkehrt herum zu betrachten, um sie richtig zu sehen".
Kontraproduktiv wäre die Verfeinerung unserer Eigenschaften ohne Sensibilität für unsere Umgebung. Verpuppung wäre das folgenreiche Ergebnis. Das erfolgreiche betriebliche Geschehen spielt sich anderswo ab, fern von uns scheinbar Top-Qualifizierten.

Change Management ist gefordert! Gefordert sind die, die wollen und sollen, jene, die gelernt haben zu managen und die, die es lernen wollen. Nicht entscheidend ist, auf welcher Funktionsebene sie wirken, schon gar nicht, ob sie alt oder jung sind. Für alle, für die Unternehmen, für die Mitarbeiter, für die Stellensuchenden gilt:
Wirkliches Wirtschaftswachstum - die Zukunft der Arbeit - wirft die Frage einer offensiven Einstellung zu einem Hire & Fire in Permanenz auf. Kann nicht die hoch angesehene Beschäftigungsstabilität auch die Vernachlässigung von Chancen sein?

Es ist damit zu rechnen, dass sich die Verhaltensweisen von Unternehmen einerseits und von Mitarbeitern andererseits annähern werden. Wie Unternehmen kontinuierlich Aufträge akquirieren, so werden Mitarbeiter künftig nach Stellen Ausschau halten, intern und extern ! Denn entgehen dem Unternehmen ein oder mehrere Aufträge, muss der Mitarbeiter mit einer Freisetzung seiner Person rechnen. Zwangsweise – und zweckweise (!) – wird sein Blick für eine neue Beschäftigung geschärft, innerhalb und ausserhalb des jeweiligen Unternehmens. Es darf bei ihm ein Schub an Flexibilität erwartet werden, und es liegt am Unternehmen, dieses produktive Moment für die eigenen Aufgabenlösungen zu nutzen.

Nicht nur betriebsintern sind diese Chancen erkennbar, auch der Markt der temporär Arbeitssuchenden wird durch den vorbezeichneten Flexibilitätsschub an Profil und Substanz gewinnen. Unternehmen können darauf vertrauen, dass im Markt der Arbeitsuchenden Top-Leute immer wieder zur Verfügung stehen. Und nicht zuletzt wird die Kostenstruktur in den Unternehmen positiv beeinflusst. Solcherart Mitarbeiter - im Betrieb und temporär arbeitsuchend - verkörpern eine neue Qualität im Spannungsverhalten des Einzelnen und des Unternehmens. Eine etwas andere Art von IchAGs. Und es ist eine Abkehr der - ach so wieder aktuellen (ein Ergebnis der Restrukturierungen!) - Volksmeinung „Die da oben wollen, und wir hier unten sollen!“

Dieser Trend des Ökonomismus wird gern in Korrespondenz zum Ich-Trend gesetzt, um eine allzu bedürftige Welt darzustellen, in der Gemeinwohl von betriebswirtschaftlichem Effizienzdenken erdrückt wird.

Ich-Trend heisst aber auch, lernen sich als Subjekt zu verstehen, besonders in schwachen Zeiten (in denen man sich den Mächten der inneren und äusseren Welt ausgeliefert fühlt). Der Mensch hat seinen Wert im Umgang mit anderen erfahren und nutzt die ihm offenstehenden Möglichkeiten von Erkenntnissen der Wissenschaft, der Technik und der Wirtschaft. Individualisierung ist denn auch Befreiung von den Fesseln bisheriger Lebensweisen!

Was ist nötig?

Abhängig von den je vorhandenen Ressourcen wird im Unternehmen zu entscheiden sein, die Bedarfsdeckung mit dem vorhandenen Mitarbeiterpotenzial, mit anzustellenden Personen oder mit Dienstleistungen von Unternehmen vorzunehmen. Dem vertieft ökonomischen Ansatz des Unternehmens kommen Mitarbeiter (auch die potenziellen, die noch als Stellensuchende ‚tätig' sind) entgegen, die - in sehr gleicher Weise - für ihre eigene berufliche Entwicklung ökonomisch orientiert sind.

Sie haben eine neue Praxisphilosophie verinnerlicht, mit Sichtweisen für neue Aufgaben für sich, nicht erst nach Beendigung einer vereinbarten Tätigkeit sondern direkt vom ersten Arbeitstag an. Ihr Focus wird dabei nicht von der Durchführung der konkreten Aufgaben abgelenkt, ebenso wenig wie ein Unternehmen die Auftragsarbeit für das beauftragende Unternehmen halbherzig durchführen mag. Vielmehr ist die Blickrichtung über den Tellerrand eine Flexibilität, die wie selbstverständlich auch neue Möglichkeiten für das Unternehmen eröffnet.

Net*working* als systemischer Ansatz

Die skizzierte Orientierung kann selbstverständlich nicht für eine Person allein greifen. Auch das Unternehmen verteilt seine Leistungen auf mehrere bzw. viele Schultern innerhalb des Betriebes und zusätzlich auf externe Einrichtungen. Solcherart Mitarbeiter (vorhandene wie potenzielle) bedürfen eines Networking. In diesem Netzwerk muss es ihnen möglich sein, die geeigneten Ressourcen zur Unterstützung ihrer aktuellen Aufgaben abzurufen und am Ball zu bleiben, was die Aussicht auf künftige Aufgaben betrifft.

Dieses Net*working* muss offen sein für eine weite Range von Berufsorientierungen, denn betriebliche Aufgabenstellungen richten sich nicht nach akademischen Disziplinen oder dem einmal Erlernten. Interdisziplinäre Teams sind inzwischen kennzeichnend für Substanz und Prosperität von Unternehmen.

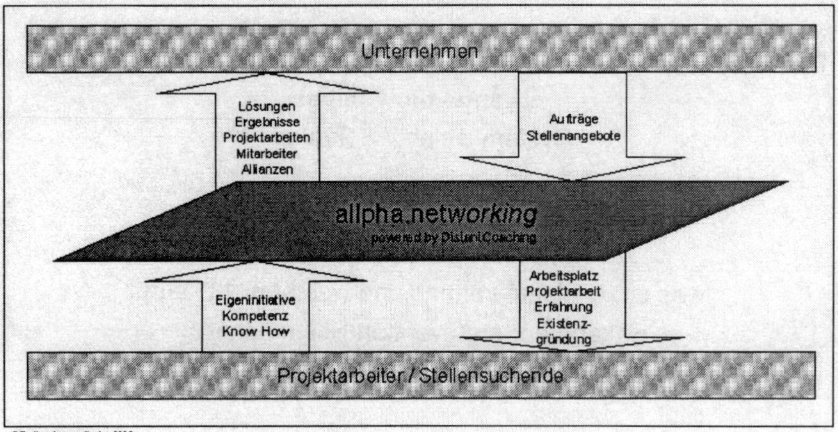

© Tedine Kommunikation 2003

KAPITEL 12

Sechs Thesen zu >*Fired* – Die Krise macht dich besser!<

THESE 1

Erkenne dich selbst

System Delphi / Sokrates

Wer sich selbst kennt, weiss, was für ihn gut ist.
Er hat seinen Wert erkannt, weiss,
was er zu leisten vermag und was er nicht kann.
Er kann anderen verständlich machen,
welche Potenziale er bietet.

THESE 2

Verkörpere Mündigkeit

System Hobbit / Tolkien

Jeder von uns ist eine mündige Person. Ein ICH.
Jedem steht ein anderes ICH gegenüber.
Mündige Gegenüber sagen stets was sie meinen.
Aber sie spielen mit Varianten und fordern den Gegenüber heraus.
Denken und Handeln sind im Gleichklang.

THESE 3

Sei offen für Partnerschaft
System Fritz+Ferdinand / Busch

Für Partnerschaft offen sein heisst,
gemeinsam etwas tun wollen.
Ein erfolgreiches Tun wird es aber erst,
wenn die Partner ihre Ziele kennen und zwischen ihnen
eine Zielübereinstimmung erreicht wurde.

THESE 4

Halte Ausschau
System Seeräuber-Jenny / Brecht

Ausschau halten, das heisst, sensibel sein für die Situation,
in der ich mich befinde.
Mein Umgebung gilt es in den Blick zu nehmen
und den Blick über denTellerrand zum Prinzip werden zu lassen.
Und dabei nicht nachzulassen.

THESE 5

Führe Kommunikation
System Hase + Igel / Grimm

Kommunizieren heisst,
zwei oder mehr haben die Absicht und den Mut
sich zu verständigen, gleich zu welchem Thema,
unabhängig von Voraussetzungen.
Man kommt gemeinsam zur Sache.

THESE 6

Praktiziere Networking
System Fluggänse / Abstiens

Praktiziertes Networking ist immer in Bewegung.
Es gilt Kommunikation zu führen mit Partnern, die auf Zeit
meine Zielinteressen zu den ihren machen,
gleichsam für mich Ausschau halten, Mündigkeit verkörpern,
um Partnerschaft als Geben und Nehmen verstehen zu können.
Die Grundlagen dazu haben sie, da sie sich selbst erkannt haben.

IN SUMMA

**Zu Anfang erkenne dich selbst,
du wirst deine Mündigkeit spüren,
wenn du sie verkörperst,
erfährst du Offenheit für Partnerschaft
und mit der Erfahrung dieser Voraussetzungen
hältst du Ausschau und
führst Kommunikation
im praktizierten Networking**

ANHANG

Sprüche von Weisen

Alles fliesst!
Heraklit

Der Mensch ist das Mass aller Dinge
Protagoras

Niemand hat Zeit übrig, von einer besseren Beschäftigung zu einer schlechteren überzugehen
Sokrates

Eigne dich dir an
Seneca

Habe Mut dich deines eigenen Verstandes zu bedienen
Kant

Das Gute heisst: Für alle Dinge das genaueste Mass finden
Aristoteles

Also was einer an sich selber hat, ist zu seinem Lebensglück das Wesentlichste
Schopenhauer

O, welch Trost in Not, schuldig zu leiden, wie dann erst unschuldig!
Kierkegaard

Nicht die Dinge beunruhigen die Menschen, sondern die Vorstellungen von ihnen
Epiktet

Jeder lebt nur den gegenwärtigen Augenblick, nur den kann er auch verlieren
Marc Aurel

Dass die Wahrheit einer Theorie dasselbe sei wie ihre Fruchtbarkeit, ist freilich ein Irrtum
Horkheimer/Adorno

Keine Geschichte macht dich alt
Sloterdijk

Die Welt muss vorwärts, nicht erträumt werden kann jener ideale Zustand, er muss erkämpft und errungen werden
Nietzsche

Zur Bestimmung zurückkehren heisst Beständigkeit
Lao Tse

- **Bücherliste**

Margot Abstiens, Modernes Networking, 2002
Baltasar Gracián y Morales, Das Kritikon, 2001
Bertolt Brecht, Textbuch zu Die Drei-Groschen-Oper 1928
Wilhelm Busch, Fritz und Ferdinand
Die Heilige Schrift (Zürcher Bibel), 1980
Brüder Grimm, Der Hase und der Igel
Karl-Heinz Groß, Der Einfluss von Globalisierung und Europäisierung auf Wirtschaft, Politik und Gesellschaft, 2003
Immanuel Kant, Aufsätze, 1784
H.D. Lasswell, The Structure and Function of Communication, 1967
Astrid Lindgren, Pippi Langstrumpf
Somerset Maugham, Auf Messers Schneide, 1962
Douglas McGregor, Der Mensch im Unternehmen, 1970
Heribert Meffert, Herausforderungen an die Betriebswirtschaftslehre, 1998
John Naisbitt/Patricia Aburdene, Megatrends 2000, 1990
Karl Niemann, Das Älterwerden und die Erfahrung - *für morgen wissen*, 1996
Karl R. Popper, Auf der Suche nach der besseren Welt, 1987
Peter Sloterdijk, Kritik der zynischen Vernunft, 1983
Lothar Späth (Hrsg.), TOP 100 Ausgezeichnete Innovatoren im deutschen Mittelstand, 2003
Christian Scholz, Spieler ohne Stammplatz, 2003
Werner Then, Die Evolution in der Arbeitswelt, 1994
Bruno Tietz, Wege in die Informationsgesellschaft, 1987
J.R.R. Tolkien, The Hobbit, 1979
Bert Willems, Account Management, 2000
Winter/Nell/Heetderks, INTER-NETZ, Ein Fortbildungsprogramm für soziale Netzwerkarbeit mit älter werdenden Menschen, 2003
Xenophon, Memorabilien, 1960

Notizen

Notizen

Notizen

tecline bookline publication

Interviewbuch

Karl Niemann

Das Älterwerden und die Erfahrung

Reihe *für morgen wissen*

Nach 26 Ehejahren verließ den Mann über Fünfzig seine erste Frau: "Da wurde mir klar, daß das In-Ruhe-Älterwerden nicht mehr möglich war". Der Schriftsteller Niemann, der Manager mit Theologicum und Philosophicum, ist dem Glück des Alters auf der Spur in seinem Buch über die Erfahrung der anderen.

Neue Rhein Zeitung

Mit Karl Niemanns Interviewbuch vom Älterwerden und der Erfahrung liegt ein erfreulich lebendiges Dokument einer Altersgruppe vor, zu der die einen gehören, der die anderen aber unabänderlich beitreten müssen:

Regina Pabst-Schupke
Literaturagentin

Das Älterwerden und die Erfahrung
Interviewbuch der Reihe *für morgen wissen*

EURO 10,75 245 Seiten ISBN 3-932039-00-9